中国近代新闻学名著系列丛书
芮必峰◎主编

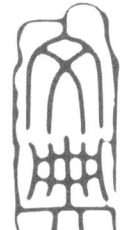

新闻学撮要

—— 戈公振◎编 ——

中国传媒大学出版社
·北京·

编委会

主　编　芮必峰

副主编　姜　红　刘　勇

编　委　贾　南　周　彤　张冰清　侯普曼

出版说明

本丛书整理再版了近代在中国用中文出版的经典新闻学著作，所涉及的图书既有专著、教材，也有译著，全面涵盖了新闻学理论、新闻业务、新闻史等领域，成书年份前后跨越40年。在这40年间，中国的新闻学科从无到有、从借鉴到创新，成就巨大。对这些著作的再次出版，为研究中国近代新闻学提供了珍贵的史料，绘制了中国近代新闻学的全景，度量了中国近代新闻学的厚度，填补了该领域空白，也为纪念中国新闻学诞生100周年献上了一份厚礼。

我们请中国人民大学新闻学院教授、博士生导师，广西大学新闻传播学院院长，教育部社会科学委员会委员兼新闻传播学科召集人郑保卫，及中国传媒大学传播研究院院长、教授、博士生导师，中央实施马克思主义理论研究和建设工程新闻学首席专家雷跃捷对本丛书的内容进行了审定，并根据专家的意见进行了修改。在此对两位专家所付出的辛勤劳动表示衷心感谢。

由于历史原因，本丛书中的个别图书存在一些问题，为保存历史原貌，为研究者提供一手的参考资料，影印时均基本保持其原貌，未作大的删改，希望读者结合当时的历史条件和历史环境，对其中的观点进行批判性借鉴。原书中存在一些错别字、漏字和排版错误，我们在影印时均未做改动，敬请读者注意。

由于原书出版年代久远，本丛书中的许多书籍难觅其踪，存世数量稀少，版权状况极其复杂。为了保证本丛书的学术性和完整性，我们将具有价值的图书先行选入其中，进行了抢救性发掘，力图保存中国新闻史珍贵的历史资料。版权所有人若有异议，请及时与我们联系。

为更好地体现中国近代新闻学的发展脉络，本丛书特别收录了欧美学者休曼的《实用新闻学》、斯蒂德的《新闻学的理论与实际》；日本学者松本君平的《新闻学》、后藤武男的《新闻纸研究》、杉村广太郎的《新闻概论》。当年这些书的出版对中国近代新闻学具有一定的借鉴意义。

本丛书为影印制作，成书清晰度由原书决定，由于出版年代久远，受当时生产力水平及制作方法限制，难免会存在一些缺陷，敬请读者谅解。

中国传媒大学出版社

总　序

如果从1903年商务印书馆编译出版日本人松本君平的《新闻学》算起，中国的新闻学已有115年历史①。如果从1918年北大新闻研究会建立，徐宝璜开办新闻学讲座算起，中国新闻学教育和研究迄今正好100年历史。我们搜集整理了清末至民国期间一些有代表性的新闻学书籍，希望借此重现早期中国近代新闻学的本来面貌，反映我国新闻学发展的历史脉络，我们认为，这对中国新闻学术、教育史研究以及中国近现代思想史研究都是很有意义的。

从1903年到1949年9月的40多年间，我国公开出版和内部印行的新闻学书籍，包括专著、教材、论文集、资料汇编、参考工具书等，约468种之多。②它们集中反映了我国新闻学的历史发展轨迹。然而，由于多种原因，这些书籍除了几本曾被重印出版外，大多已经是"只闻其名、难觅其踪"，这对我国新闻学研究不能不说是一个遗憾。

本丛书在梳理1903—1949年间出版的有代表性的新闻学书籍的基础上，精选了50部著作，校订注释，编纂再版，也算对这一遗憾的弥补。

从我们挑选的这50部新闻学书籍来看，中国早期新闻学的发展有三个鲜明的特点：

一、中国早期新闻学的发展与中国社会发展，尤其与国家民族利益息息相关

40多年间，中国新闻学从近乎空白到勃然而兴，这与中国社会的动荡、变

---

① 黄天鹏回顾新闻运动时说："有清光绪二十八年，商务印书馆刊行《新闻学》一书，为我国人知有新闻学之始，原书为日人松本君平所著……"资料来源：黄天鹏．新闻运动之回顾［A］．黄天鹏．新闻学名论集［C］．上海：上海联合书店，1929．

② 林德海，等．中国新闻学书目大全1903—1987［M］．北京：新华出版社，1989．

革休戚相关。西方新闻学是现代化的产物，最早形成于19世纪末20世纪初。1901年，"新闻学"一词首见于中文报章[①]，但直到民国前夕，国人对于"新闻有学乎"尚存疑，认为报社就是新闻人才的"养成所"。至1912年上海报业俱进会以"吾国报业之不发达……其最大原因，则为无专门之人才"[②]为由，号召组织报业学堂，培养报业专门人才。不难看出，此时新闻界亦将新闻学视为办报之"技"。至1918年邵飘萍为徐宝璜《新闻学》作序仍"窃叹我国新闻界人才之寥落，良由无人以新闻为一学科而研究之者"[③]。黄天鹏把1903年至1918年新闻学研究会建立之前的十余年视为中国新闻学的启蒙期。[④]

1918年，随着以启蒙为目标的新文化运动愈演愈烈，新思潮涌入国门，"新学""西学"站在旧传统的对立面被学界关注，新闻学思想也不例外。作为公学之首和新文化运动中心的北京大学率先开办新闻学研究会，力证了"新闻学"存在的正当性；徐宝璜《新闻学》一书问世，成为中国新闻学理论的奠基之作。新闻学教育兴起，新闻学研究著作渐盛，待到北伐前夕，中国新闻学从学理上和实践上俱已建立起来。

新文化运动后期，马克思主义传入中国，资本主义文明逐渐"祛魅"。之后的大萧条使得西方国家的痼疾暴露无遗，曾经"理想之彼方"的西方报业也难以幸免。在这一时代背景下，如何建立"吾国之报业"成为新闻学研究的热点，围绕这一热点，一方面，关于中外新闻理论、新闻事业、新闻业务的著作日益涌现；另一方面，军阀对于激进言论的暴力摧残，又引发了新闻人对于言论自由的论争。20世纪20年代的中国新闻学呈现百家争鸣之势。

"在这言论自由纷争之际，也有若干论调，认为新闻纸不过是一种政治宣传的工具，在新闻学方面也唱过所谓社会主义的新闻理论，不过这种论调没有完成，当头的国难已把这种理论粉碎。"[⑤]"九一八"事变后，面对空前的民族危机，"国家至上、民族至上"成为国论，报业成为勾连与动员社会的渠道和网络，

---

① 梁启超．本馆第一百册祝辞并论报馆之责任及本馆之经历［J］．清议报，1901（100）：1-8.

② 戈公振．中国报学史［M］．上海：上海书店，1989：278.

③ 徐宝璜．新闻学［M］．长春：时代文艺出版社，2009：7.

④ 黄天鹏．四十年来中国新闻学之演进［M］//龙伟，任羽中，王晓安，何林，吴浩．民国新闻教育史料选辑．北京：北京大学出版社，2010：149.（以下征引本书时，一律简注为《民国新闻教育史料选辑》。）黄天鹏在此文中提出他对于1903年到战事结束的40余年间中国新闻学发展阶段的划分，原载《中国新闻学会年刊》第1期，1942年9月。

⑤ 黄天鹏．四十年来中国新闻学之演进［M］//民国新闻教育史料选辑．北京：北京大学出版社，2010：161.

致力于推动“舆论统一”。直到全面抗战中期之前，以战争宣传动员为主要研究目标的“战时新闻学”都是新闻学研究的热点。

1943—1949年中华人民共和国成立前夕，随着战争形势的转变，抗日战争已现胜利的曙光，中国新闻学人开始构想新闻业的未来。萨空了[①]于1943年开始着手书写《科学的新闻学概论》，旨在提醒新闻人应“鉴于美英的前车”[②]，避免报纸“为大财阀资本家所独占”[③]，“积极地设法使报纸成为大多数民众自己的相互报道消息、提供意见的工具”[④]。

二、中国新闻学是“西学东渐”的产物，中国早期新闻学人大多具备西学背景

“西学东渐”的内在精神是中体西用。在“用”的招牌下，西学大量涌入。中国新闻学直接引自日本和美国。首先，中国最早的新闻学译著分别为1903年商务印书馆编辑出版的松本君平的《新闻学》和1913年美国记者休曼著、史青编译的《实用新闻学》。前者成为中国新闻学的开端，而后者作为美国第一本新闻教育著作，“提供采访编辑各种实际问题的解决方案”[⑤]，也奠定了中国新闻人对于新闻教育之作用的基本构想。

早期中国新闻学人大多具备留美留日的求学背景。徐宝璜曾于美国密歇根大学修习经济学与新闻学，其《新闻学》(1919)的参考文献包括在美国出版的图书23种、在英国出版的图书7种，印证了时任北大校长蔡元培所言，“新闻学之取资，以美为最便矣”[⑥]。任白涛求学日本早稻田大学政治经济学系时，加入了《朝日新闻》名记者杉村楚人冠等筹建的“大日本新闻学会”[⑦]，《应用新闻学》

① 萨空了(1907—1988)四川成都人，蒙古族，笔名了了、艾秋飚，记者、主编、新闻学家。1927年任《北京晚报》《世界日报》编辑记者、《世界画报》总编辑。曾任教民国学院新闻系、北京新闻专科学校。1935年任上海《立报》副刊主编、总编辑兼经理。中华人民共和国成立后任中央人民政府新闻总署副署长兼新闻摄影局局长、出版总署副署长、全国政协副秘书长兼《人民政协报》总编辑等职。负责主编《中国大百科全书·新闻出版》卷，著有《科学的新闻学概论》《科学的艺术概论》《宣传心理研究》等。

② 萨空了. 科学的新闻学概论［M］. 香港：文化供应社，1946：36.

③ 萨空了. 科学的新闻学概论［M］. 香港：文化供应社，1946：36.

④ 萨空了. 科学的新闻学概论［M］. 香港：文化供应社，1946：36.

⑤ 黄天鹏. 四十年来中国新闻学之演进［M］//龙伟，任羽中，王晓安，何林，吴浩. 民国新闻教育史料选辑，北京：北京大学出版社，2010：157.

⑥ 邓绍根. 中国新闻学的筚路蓝缕：北京大学新闻学研究会［M］. 北京：清华大学出版社，2015：228.

⑦ 1915年《朝日新闻》的杉村楚人冠等在庆应义塾大学创办“新闻研究会”并讲授课程，后根据该讲义出版了《最近新闻纸学》(1918)。其时，杉村楚人冠还兼任“大日本新闻学会”的筹建者与学会新闻讲座讲师。

（1922）正是仿照杉村楚人冠《最近新闻纸学》一书体例所做。[①]邵飘萍的《实际应用新闻学》（1923）亦参考了《最近新闻纸学》。[②]杉村楚人冠深受美、德新闻思想熏陶，美、日、德的新闻思想因故才传到中国。

事实上，正是留美、留日学生群体的新闻学著述构建起了中国早期新闻学的基本框架。仅本丛书所涉国内著（编）者30人中，剔除资料不详者3人，有留学经历者共计15人。其中留美5人：徐宝璜、伍超、赵敏恒[③]、戈公振[④]、曹用先[⑤]；留日8人：吴定九[⑥]、邵飘萍、黄天鹏、任白涛、张友渔[⑦]、谢六逸、袁殊[⑧]、王文萱[⑨]；

① 周光明. 近代新闻史论稿［M］. 北京：社会科学文献出版社，2014：276.

② 方晓红. 中国新闻简史［M］. 南京：南京师范大学出版社，1996：122.

③ 赵敏恒（1904—1961），记者、新闻学教授。早年就读于清华大学，1923年起先后于美国科罗拉多大学文学院、密苏里大学新闻学院、哥伦比亚大学新闻学院攻读英国文学和新闻学，并获新闻学硕士学位。1925年起在纽约环球通讯社当编辑。1927年回国，在国民政府外交部情报处短暂工作后加入路透社。1945年10月任《新闻报》总编，兼任复旦大学新闻学教授。

④ 留学两个及两个以上国家的，按其留学的第一个国家计。

⑤ 曹用先，女，宁波人，天津南开大学社会科毕业。1926年与未婚夫查良鉴自南开大学毕业后，同赴密歇根大学留学，1930年在该校安娜堡完婚。硕士毕业后回国，曾就职于上海商务印书馆编辑所并任教于大夏大学，1949年与查赴台，1951年4月病逝于台湾。

⑥ 吴定九（1890—1930），名鼎，字定九，嘉定人。著名报人，《京报》元勋之一，著有《新闻事业经营法》。公派赴日本名古屋学习土木工程时，与在东京政法学校读书的邵飘萍成为密友。1923年9月，私立北京平民大学设立报学系，时任京报社经理的吴定九担任教授并讲授专业课程“新闻经营法”。

⑦ 张友渔（1898—1992），原名张象鼎，字友彝，又名张忧虞，山西灵石人。法学家、政治学家、新闻学家。先后求学于山西第一师范学校，国立北平法政大学法律系。1927年任《国民晚报》社长兼总编辑。同年加入中国共产党，任中共北平市委委员兼秘书长。1930年赴日留学。“九一八”事变后回国任《世界日报》主笔及燕京大学、中国大学、民国大学、中法大学、北平大学法商学院教授，讲授宪法学、劳动法学、新闻学和日本问题。1943年起在重庆任中共南方局文委秘书长、《新华日报》社论委员会委员、中共重庆工作委员会候补委员兼政策研究室副主任、《新华日报》代总编辑等职。

⑧ 袁殊（1911—1987），中共谍报人员、记者、新闻学者。早年赴日攻读新闻学、东洋史。曾创办上海自修大学并设新闻专科。1931年3月创办的《文艺新闻》，最早揭露了左联五烈士被害的消息。1932年任新声通讯社记者，经潘汉年引介加入共产党。1942年卧底敌伪报纸《新中国报》，1945年10月转移到苏北解放区；1949年调入中央情报部门。著《记者道》《学校新闻讲话》《新闻大王赫斯特》等书；译《新闻法制论》等。

⑨ 王文萱，曾留学日本，1930年5月翻译杉村广太郎的《新闻概论》。1942年国立社会教育学院新闻系成立，王文萱在该系教授新闻业务课程。1947年年初，李宗仁授意萧一山在北平创办《经世日报》作为喉舌，任命王文萱、蓝文澄两位教授为主笔。

旅欧2人为胡愈之和储玉坤[①]（详情见表）。这些涉足新闻学研究的归国留学生兼容并蓄，汲取美、日、德等国新闻理论和马克思主义新闻思想的精华，进行本土化改良，亦从侧面反映出中国新闻学的理论来源。

三、中国早期新闻学人往往兼新闻实践、新闻教育、新闻研究于一身

1918年，北京大学新闻学研究会成立，徐宝璜负责讲授新闻学知识。他结合自身从业经验，参考欧美新闻学书目，形成课程讲义；再结合讲课心得，不断完善新闻学理论。1919年，国人自撰的第一本新闻学专著《新闻学》最终成书。徐在自序中细陈写书修书之过程："新闻学乃近世青年学问之一种，尚在发育时期。余对于斯学，虽曾稍事涉猎，然并无系统之研究。客岁蔡校长设立新闻学研究会，命余主任其事，并兼任导师。余乃于暑假中，正式加以研究，就所得著《新闻学大意》一篇，以为开会后讲演之用。……开会后，余继续研究，加以会员之质疑问难，时有心得，遂将原稿加以修改，成第二次之稿……"[②]显然，"曾稍事涉猎"指其曾经担任《晨报》主笔的工作经历。早期中国新闻学人兼具从业经验和新闻学教学经验者多会总结实践经验、丰富新闻理论、著书立说、传道授业，这种情况并不鲜见。

从早期新闻学著作的作者（编者）身份来看：本丛书涉及国内著（编）者30人，除李公凡、刘元钊和鲁风三人身份不详，仅蒋国珍[③]、项士元[④]二人没有明确的新闻从业经验。而在这25人中，更有20人兼具从业经历与从教经历。新闻学人大多具有新闻从业经历，学术研究、传承活动与新闻实践密不可分（详

---

① 储玉坤，1912年生，江苏宜兴人，笔名雨君、储华。1937年中央政治学校大学部新闻学及国际政治专业毕业。1938年1月任《文汇报》编辑兼社论撰述者；1938年5月担任《文汇报》法国哈瓦斯分社编辑；抗战胜利后，任《文汇报》总主笔。1946年5月转任《申报》主笔和法国新闻社远东分社中文部主任，兼任中国新闻专科学校教务长和沪江大学新闻系教授。著有《现代新闻学概论》《第二次世界大战史》《美国经济》。

② 邓绍根，中国新闻学的筚路蓝缕［M］. 北京：清华大学出版社，2015：244.

③ 蒋国珍出生于1896年，江苏溧阳人，做过学生运动领袖、国民党党员、教育工作者、政府职员、银行经理。曾加入上海学生运动，代表上海全国各界联合会、全国学生联合会、上海各界联合会、学生联合会四团体发声。虞文俊认为其传世的《中国新闻发达史》翻译自日本人伊藤武雄的《中国新闻发达史》，即蒋国珍应为此书的译者而非著者。

④ 项士元（1887—1959），佛教居士、学者。原名元勋，号慈圆，又号石槎。浙江临海人，通日、英、德、梵、俄文，一生佛学著作等身。25岁毕业于杭州府中学堂，后办私立小学和赤城初级师范，兼任各校教师；捐资并赠书创办了临海图书馆。项士元长期辗转江浙等地从事教育、新闻和史志方面的研究工作。中华人民共和国成立后主持台州文管会，任浙江省文史馆馆员。所著《浙江新闻史》是中国最早的新闻史之一。

见表1[①])。

从新闻学著作本身来看，许多民国新闻学书籍正是新闻实践和新闻教育的直接产物：国人自撰的第一部新闻采访学专著——《实际应用新闻学》根据邵飘萍在北京大学新闻学研究会和平民大学新闻系的讲稿所著，《新闻学总论》一书则根据邵氏国立政法大学的新闻学讲义整理而成；周孝庵[②]根据自己在复旦大学的新闻学讲义编著了《最新实验新闻学》；郭步陶[③]的《本国新闻事业》是上海市私立申报新闻函授学校讲义之十一；而《新闻学的基础知识》本就是中美日报读讯会[④]为新闻学自修者所出版的教材《实用新闻学讲义》之一；储玉坤的《现代新闻学概论》则是专门为大学新闻理论教科书而编写的（详见表2）。

正是由于早期新闻学人兼新闻实践、新闻教育、新闻研究于一身，才能为理论教学与著述提供最鲜活的案例，促使新闻实践经验迅速融入新闻学理论研究。这是近代中国新闻学迅速发展的重要因素，对于当今的新闻学研究、新闻学教育工作也有重要启示。

本丛书编委会邀请相关领域资深专家进行研讨，认真甄选了书目，仔细进行了版本比较和甄别，从而保证了本丛书较高的学术权威性。

由于历史的局限，民国新闻学书籍的不足是明显的，如学术理论不成熟、部分话语和话题打上了深深的时代烙印等；又因书中涉及的新闻稿件写作于特定历史环境和历史年代，其表达方式不严谨亦不可避免。盖所选书目皆是历史文献，我们在审校中尽量保持其历史原貌，不做大的删改；对极个别对马克思

---

① 李秀云. 留学生与中国新闻学［M］. 天津：南开大学出版社，2009：239-251. 本书中李秀云整理了民国期间从事新闻学研究的留学生44人，并分析其留学国别构成、专业构成、新闻实践经历、从教经历等。

② 周孝庵（1900—1973），佛教学者、律师、报人。松江府人。毕业于江苏省立第一商业学校。历任上海时事新报馆记者、编辑、主编，著《最新实验新闻学》。1928年秋被复旦大学聘为新闻学教授。曾于上海法政大学获法学学士学位，1930年兼律师。1932年主编上海《新闻报》“法律质疑”栏目、编著了《法律质疑汇编》。上海沦陷后，曾氏关闭了律师事务所，潜心佛学研究。

③ 郭步陶（1879—1962），原名成爽，后改名惜，字步陶。四川隆昌人。名记者、新闻研究者。1911—1917年任《申报》编辑，1917年任《新闻报》编辑主任、主笔。1930年任教于复旦大学新闻系。上海沦陷后赴香港，任职于《申报》（香港）、《星岛日报》；1939年创建中国新闻学院（香港）并任院长。抗战胜利后回沪任教于复旦大学、新中国学院。

④《中美日报》是“孤岛”时期的国民党报纸，为躲避日伪新闻检查，在美商罗斯福出版公司招牌下运作，副刊有《集纳》《堡垒》等。1938年11月创刊，1941年12月停刊，1945年8月复刊，次年4月终刊。总编先后为杨勋民、查修、詹文浒，总主笔周宪文，执笔者有储玉坤、章丹枫等。胡道静曾任英文编辑。报社读讯会为自修新闻学的读者出版了《实用新闻学讲义》，共计10种，对编辑术、采访术、评论作法、新闻写作、新闻学史、剪报工作等都有专篇论述。

主义、共产党等的不适当叙述已进行了删除处理。

本丛书规模较大，从策划项目、搜集资料、校订编纂到审稿成书，历时两年有余。这50本书可能并非本本经典，其中有些内容亦有重复、雷同之处，但瑕不掩瑜，它们对于研究中国新闻学功不可没，作为新闻史资料极具研究价值。感谢中国传媒大学出版社和安徽大学新闻传播学院诸位老师的辛勤付出，也希望读者在本丛书中能读出更丰富的内容，获得启发并更深入地思考。

丛书主编　芮必峰

2018年5月7日

附表：

表1 著者受教育、从业、从教及著述情况列表

序号	姓名	是否留学及留学国家	从业经历	从教经历	著作
1	徐宝璜	美国密歇根大学，经济学、新闻学	北京《晨报》主笔	北京大学新闻学研究会、北京平民大学新闻系	《新闻学》《新闻事业》
2	戈公振	1927年赴美国、日本考察新闻事业	首创《图画时报》、"上海新闻记者联合会"会长、《申报》总管理处设计处主任兼《申报星期画刊》主编	上海南方大学新闻系、上海国民大学新闻系、复旦大学新闻系、上海沪江大学商学院、上海民治新闻学院	《新闻学撮要》《中国报学史》《新闻学》
3	邵飘萍	东京政法学校	《汉民日报》主编、《时事新报》《申报》《时报》主笔、创办"北京新闻编译社"、《京报》社长	北京大学新闻学研究会、北京平民大学新闻系、国立法政大学	《实际应用新闻学》《新闻学总论》
4	吴定九	日本名古屋工业专门学校土木工程	主持《京报》	北京平民大学新闻系、国立法政大学	《新闻事业经营法》
5	谢六逸	日本早稻田大学东洋文学史	《立报》文艺副刊《言林》主编、《国民周刊》《趣味》周刊主编	复旦大学新闻系、申报新闻函授学校、国立社会教育学院新闻系、暨南大学新闻系、大夏大学新闻系	《实用新闻学》《国外新闻事业》《新闻储藏研究》
6	黄天鹏	日本早稻田大学新闻系硕士	在北平创刊《新闻学刊》并担任主编	复旦大学新闻系、上海沪江大学商学院新闻学科	《新闻文学概论》《中国新闻事业》《新闻学入门》《新闻学概要》
7	赵敏恒	美国科罗拉多大学文学院、密苏里大学新闻学院、哥伦比亚大学新闻学院攻读英国文学和新闻学，并获新闻学硕士学位	纽约环球通讯社编辑，后加入路透社。"九一八"事变后为美国国际新闻社、伦敦《每日电讯报》《朝日新闻》等供稿。1945年10月任《新闻报》总编辑	复旦大学新闻系、中央政治学校新闻系、暨南大学新闻系	《外人在华的新闻事业》

续表

序号	姓名	是否留学及留学国家	从业经历	从教经历	著作
8	周孝庵	无	历任上海时事新报馆记者、编辑、主编；主编《上海新闻报》“法律质疑”栏目	复旦大学新闻系、新闻大学函授科	《最新实验新闻学》
9	张友渔	1930年、1932年、1935年多次赴日学习新闻学、考察日本新闻事业	《世界日报》编辑、《大同晚报》总编辑、《国民晚报》社长、《泰晤士报》总编辑、《新华日报》社论委员	燕京大学新闻系、北平民国学院新闻系	《新闻之理论与现象》《日本新闻发达史》
10	袁殊	日本新闻专科学校、早稻田大学历史系	创办《文艺新闻》《译报》、新声通讯社记者	上海自修大学新闻专科	《记者道》《学校新闻讲话》《新闻大王赫斯特》《新闻法制论》（译）
11	胡愈之	1928年法国巴黎大学攻读国际法	《东方杂志》编辑、创办《公理日报》、哈瓦斯通讯社远东分社中文部编辑主任、主编新加坡《南洋商报》		《胡愈之出版文集》
12	储玉坤	留法	《新闻报》编辑、《文汇报》编辑、法国哈瓦斯通讯社中国分社编辑、《文汇报》总主笔、《申报》主笔、法国新闻社远东分社中文部主任	中国新闻专科学校、沪江大学新闻系、之江大学新闻系、致用大学新闻学系	《现代新闻学概论》
13	任白涛	日本早稻田大学政治经济学	创办中国新闻学社、《新湖北日报》总编辑		《应用新闻学》《综合新闻学》
14	曹用先	美国密歇根大学①	上海商务印书馆编辑所②	大夏大学③	《新闻学》

① 毛彦文．往事［M］．北京：商务印书馆，2012：28．
② 雪林．一段值得介绍的婚姻（红藏·生活·第四卷第三十八期）［M］．湘潭：湘潭大学出版社，2014：435–437．
③ 毛彦文．往事［M］．北京：商务印书馆，2012：28．

续表

序号	姓名	是否留学及留学国家	从业经历	从教经历	著作
15	王文萱	留日①	《经世日报》②	国立社会教育学院新闻系③	《新闻概论》（译）
16	伍超	留美“攻读新闻科”④			《新闻学大纲》
17	郭步陶	无	《申报》编辑、《新闻报》编辑主任兼主笔、《申报》（香港）、《星岛日报》编辑	复旦大学新闻系、《申报》新闻函授学校、中国新闻学院（香港）、新中国学院	《本国新闻事业》
18	任毕明⑤	无	《民国日报》《时报》《快报》主笔、《大众日报》总编辑	香港中华新闻学院	《战时新闻学》《评论学十讲》
19	赵君豪⑥	无	《申报》副总编辑	上海商学院新闻专修科、复旦大学新闻系、上海法政学院新闻专修科	《中国近代之报业》《上海报人的奋斗》

① 杉村广太郎. 新闻概论·黄序［M］. 王文萱，译. 上海：联合书店，1930.

② 冯国定. 忆萧一山先生［M］//中国人民政治协商会议北京市委员会文史资料研究委员会文史资料选编（第43辑），北京：北京出版社，1992：104.

③ 苏州大学社会教育学院. 峥嵘岁月（第三集）［M］. 北京、上海、南京、苏州校会. 1991：229.

④ 伍超. 新闻学大纲·自序［M］. 上海：商务印书馆，1925.

⑤ 任毕明，原名任大任，生于1904年，广东鹤山人。1925年在广西梧州创办《民国日报》，曾任《时报》《快报》主笔，主持过香港的《大众日报》。参与创办香港中华新闻学院，并任教。著作有《龙虎集》《风云集》《社会大学》《新社会大学》《战时新闻学》和《评论学十讲》等。

⑥ 赵君豪（1900—？）江苏兴化人。报人。“五四时期”求学于上海交通大学，经常给著名的《民国日报》副刊《觉悟》投稿，并与时任《觉悟》编辑的邵力子讨论种种社会改造问题。毕业后进入《申报》馆工作，抗战后任《申报》副总编辑。1929、1942年两度兼任复旦大学新闻系编辑教授；1930年兼任上海法政学院新闻专修科教授，讲授采访学；曾任《申报》新闻函授学校教授。1944年10月在重庆出版《上海报人的奋斗》。

续表

序号	姓名	是否留学及留学国家	从业经历	从教经历	著作
20	杜绍文[①]	无	杭州《民国日报》国际版编辑、《东南日报》《前线日报》主笔兼《新闻战线》周刊主编、《东南日报》总编辑、《文汇报》办公室主任	复旦大学新闻系	《新闻政策》《中国报人之路》《战时报学讲话》《国际新闻纵横谈》
21	胡道静[②]	无	《万有文库》编辑、上海通志馆编修、《通报》《中美日报》《大晚报》等报记者、编辑、撰稿人	上海法政学院新闻专修科	《上海新闻事业之史的发展》
22	张静庐	无	创办上海杂志公司并出任总经理		《中国的新闻记者与新闻纸》《中国近代出版史料》《中国现代出版史料》《中国出版史料》《在出版界二十年》
23	萨空了	无	《北京晚报》编辑记者、《世界日报》画刊编辑、《世界画报》总编辑、天津《大公报》艺术半月刊主编	民国学院新闻系、北京新闻专科学校	《科学的新闻学概论》

① 杜绍文（1909—？），又名杜超彬，广东澄海人。1927年入复旦大学中文学新闻组学习，1931年留校助教。后任杭州《民国日报》国际版编辑、资料室主任、浙江《东南日报》主笔。抗战期间主编浙江战时新闻学会会刊《战时记者》月刊,《国民日报》总编辑、社长；抗战胜利后任上海《前线日报》主笔兼《新闻战线》周刊主编。1946年至1951年间任复旦大学新闻系教授，1952年任上海《文汇报》记者、编委办公室主任。著有《新闻政策》《中国报人之路》《战时报学讲话》《国际新闻纵横谈》。

② 胡道静（1913—2003），安徽泾县人。1931年毕业于上海持志大学国语系。曾参加《万有文库》编辑和上海通志馆编修工作。“孤岛”时期坚守上海新闻界抗日宣传工作，任《通报》《中美日报》《大晚报》《密勒氏评论报》记者、编辑、撰稿人，同时在上海法政学院新闻专修科讲授新闻史课程，为共产党的抗日宣传培养新闻干部。1949年后历任中华书局上海编辑所编辑、上海人民出版社编审等。

续表

序号	姓名	是否留学及留学国家	从业经历	从教经历	著作
24	管照微[①]		复旦大学校刊编辑、1931 年兼任上海新闻社记者	兰州大学经济系	编《新闻学论集》
25	项士元				
26	蒋国珍	疑为《中国新闻发达史》的译者而非著者[②]			
28	李公凡	不详			
27	鲁风	不详			
28	刘元钊	不详			

① 管照微，高中就读于上海立达学园，曾与王济深、刘仲达、唐旭之等先后组织了“时潮社”和“立达剧团”。后进入复旦大学新闻系学习，与伍梦窗、林楚君、向浦、徐之津等加入了复旦大学“左联”，并负责复旦大学的校刊编辑工作。1933年12月21日因宣传左翼思想被捕，后任教于兰州大学经济系。

② 虞文俊是东亚中国新闻史研究第一人。《中国新闻发达史》译者蒋国珍初考［J］. 新闻界，2015（15）.

表2 书目

序号	年份	书名	作者	备注
1	1903	新闻学	〔日〕松本君平 著	
2	1913	实用新闻学	〔美〕休曼著 史青译	
3	1919.12	新闻学	徐宝璜① 著	北京大学 新闻研究会讲稿
4	1922.11	应用新闻学	任白涛② 著	
5	1923.8	实际应用新闻学	邵振青 著	北京平民大学、 国立法政大学讲义
6	1924.4	新闻事业	徐宝璜 胡愈之 著	
7	1924.6	新闻学总论	邵飘萍 著	
8	1925.1	新闻学大纲	伍超 著	
9	1925.2	新闻学撮要	戈公振③ 编	
10	1927.9	中国新闻发达史	蒋国珍 著	
11	1927.11	中国报学史	戈公振 著	
12	1928.9	中国的新闻纸	张静庐 著	
13	1928.11	最新实验新闻学（上）	周孝庵 著	复旦大学新闻系
14	1928.11	最新实验新闻学（下）	周孝庵 著	复旦大学新闻系
15	1930.4	新闻事业经营法	吴定九 著	
16	1930.5	新闻概论	〔日〕杉村广太郎 著 王文萱 译	

① 徐宝璜，中国新闻学者、新闻教育家。1912年毕业于北京大学，后公费留美，于密歇根大学攻读经济学、新闻学。徐宝璜在美国密苏里大学受过系统的新闻学教育。

② 任白涛，笔名冷公、一碧，河南南阳人。1911年辛亥革命后，先后担任上海《民立报》《神州日报》《新闻报》驻河南特约通讯员，参加当地反袁活动。1916年留学日本，在早稻田大学攻读政治经济学，并加入了大日本新闻学会。

③ 戈公振所著的《中国报学史》最早由上海商务印书馆出版，是研究新闻学和我国新闻事业发展史的开山之作，国内外新闻界将之誉为中国首部新闻史学权威著作。任教上海国民大学期间，戈公振开始着手《中国报学史》一书的写作。在从事新闻工作之余，戈公振致力于新闻教育事业和新闻学研究工作，曾在上海国民大学、南方大学、大夏大学、复旦大学等校新闻系和杭州暑假报学讲习所讲授新闻学方面的课程，在新闻学研究上留下了许多著述。

续表

序号	年份	书名	作者	备注
17	1930.8	中国新闻事业（上）	黄天鹏[①] 著	
18	1930.8	中国新闻事业（下）	黄天鹏 著	
19	1930.8	新闻纸研究	〔日〕后藤武男 著 俞康德 译述	
20	1930.9	浙江新闻史（上）	项士元 编	
21	1930.9	浙江新闻史（下）	项士元 编	
22	1932.7	学校新闻讲话	袁殊 著	
23	1932.8	外人在华的新闻事业	赵敏恒 著	
24	1933.4	新闻学入门	黄天鹏 著	
25	1933.10	新闻学论集	管照微 编	复旦新闻学会丛书
26	1935	实用新闻学（上）	谢六逸[②] 编	申报新闻函授学校讲义之三
27	1935	实用新闻学（下）	谢六逸 编	申报新闻函授学校讲义之三
28	1934.1	新闻学	曹用先	
29	1934.2	新闻学概要	黄天鹏 编	复旦大学讲义、 上海沪江大学新闻学专修科
30	1935	上海新闻事业之史的发展	胡道静 著	
31	1936.5	新闻学讲话	刘元钊 编著	

① 黄天鹏，字天鹏，别号天庐。1927年1月，他创办了我国首个新闻学刊（1929年扩改为《报学月刊》）并任主编；他是我国新闻学术史上最早研究新闻学之产生及发展史的学者，是我国具有新闻学术史观的第一人。他于1923年就读于北京平民大学报学系，1929年留学日本,修业新研究所,旋入早稻田大学新闻系。归国后出版了《新闻文学概论》《中国新闻事业》《新闻学入门》《新闻学概要》等十余本新闻学专著。

② 谢六逸，中国现代新闻教育事业的奠基者之一。著名的作家、翻译家、教授。1917年以公费生身份赴日就读于早稻田大学。1922年毕业归国，入商务印书馆工作。后历任神州女校教务主任及暨南大学、复旦大学、大夏大学教授。1930年任复旦大学中文系主任，并创设了后来闻名海内外的复旦大学新闻系，任主任。

续表

序号	年份	书名	作者	备注
32	1936	本国新闻事业	郭步陶 编著	申报新闻函授学校讲义十一
33	1936.6	新闻之理论与现象	张友渔 著	
34	1936.11	记者道	袁殊 著	
35	1937.7	现代新闻学概论	储玉坤 著	国民党政府唯一指定大学新闻理论教科书
36	1938.7	战时新闻学	任毕明 著	
37	1938.9	中国近代之报业（上）	赵君豪 著	
38	1938.9	中国近代之报业（下）	赵君豪 著	
39	1938.10	基础新闻学	李公凡 著	
40	1939.7	中国报人之路	杜绍文 著	
41	1940.4	新闻学	戈公振 著	1932 年完稿，另有 1947 年版
42	1941	新闻学的基础知识（上）	中美日报读讯会 编	中美日报读讯会实用新闻学讲义
43	1941	新闻学的基础知识（下）	中美日报读讯会 编	中美日报读讯会实用新闻学讲义
44	1941.7	综合新闻学 1	任白涛 著	
45	1941.7	综合新闻学 2	任白涛 著	
46	1941.7	综合新闻学 3	任白涛 著	
47	1944.9	新闻学	鲁风 著	新中国自修学院约稿
48	1946.6	科学的新闻学概论	萨空了 著	另有 1945.3 出版的署名艾秋飚的版本
49	1946.11	新闻史上的新时代	胡道静 著	
50	1947.12	新闻学的理论与实际	〔英〕斯蒂德 著 王季深 吴饮冰 译	上海文化函授学校读本

"毋爲個人樂利計

應爲羣生幸福謀"

MARION

梁序

我國有報紙最早，而發展最遲。其故有關於教育，實業，交通與社會之未進步者，而報界人材之缺乏，亦必居其一。

夫新聞事業，高尚之職業也。惟其感化人民思想及道德之力至大無匹，故訓練較善之新聞記者，以編輯較善之報紙，俾服務於公衆亦較善，實今日當務之急也。

我國報紙，受世界大戰之影響，年來在精神上及物質上，已有顯著之進步。歐美新聞家之來遊我國者，亦謂我國新聞事業之有希望，可以日本新聞事業推之，在最近二十年內，將有可驚之發展。斯言也，自我國之地大人衆物博之需要上觀之，可證實其非謬。然欲使此希望成爲事實，非期諸專門人材不可。所謂專門人材者：即主筆，經理，編輯人,圖解者,通信員,發行人,與廣告員之關於採集預備發行報紙於公衆之諸方面各有研究者是也。

近來各大學已有設報學系者;坊間亦漸有新聞書籍出現,在新聞事業幼稚之我國,自爲一種好現象。然重理論而略事實,猶未免遺憾也。

斯編組織完善,章節明晰,且於報界之甘苦難易,反覆道之。使學者勿無端入此界,勿輕易入此界,與入此界後勿因現狀之未善而灰心於此界:斯蓋先得我心,久蓄而未發者也。

戈君從事時報十有四年,獨能虛心研究及此。予喜其能重視其職業,與此書之有裨後來者也,爰爲之序。

梁啓超

中華民國十四年一月十七日

初版的序

㈠

我國關於新聞事業的著作和譯述,近來雖有幾本書印出來,但是可算極少數了;而且偏重理論的多,注意事實的少。我常想將自己在新聞界十餘年中的經驗,一一寫出來,供給有新聞記者志願的人們參考。但是担任的事務多,至今未能如願。這本美國開樂凱氏的新聞學撮要書中所說,句句先得我心,是一本很有價值的著作。開氏服務新聞界很久,他的閱歷,當然是很豐富,所以我將牠先翻譯出來,或者於我國新聞界不無小補。其中有與我國情形不同的地方,由譯者酌量删節或附加註釋,使此書便於我國人實用。

㈡

此書著者開樂凱氏(Fower Nathaniel Clark, Jr.)是美國麻省人。他曾做過波士頓商業公報和辟寺費爾德日報的主筆,廣告學校的最初創辦人,對於商業和新聞紙的經營方法,極有研究和見識，由一千八百八十九年到一千九百二十年的三十多年中，曾著書三十餘種，除此書以外，關於新聞方面的書尙不少。

㈢

我覺得用白話文譯書，比較用文言容易達意。但是中西文組織究竟不同，也有難以直譯的地方。加以我的文字不佳，又是倉猝的譯出，恐怕難免有什麼錯誤，如承指教，非常歡迎。

㈣

新聞學是與各種學問，都有密切關係的。報紙在社會上與任何方面都不能不接觸的。所以新聞記者，應研究的學問很多，而可利用研究的時間很少。但是無論如何，我們却不能不尋出工夫去研究牠。我覺得我們新聞界中人和有新聞記者志願的人，不能因事實而輕視學問，亦不能因學問而輕視事實。最好有新聞記者志願的人，一面讀書，一面做事。已在新聞界的人，一面做事，一面讀書。讀書與做事，在事業的發展上，是永久共進而不能分離的。這本撮要中，原著者沒有提及這一端，我所以附記於此。

㈤

最後我還有幾句忠告——脫線的話要說。這本書中曾說投身新聞界的人們，應厲行規則的生活，以維持健康。『規則的生活』數字，却是很可尋味。美國人最好運動，幾乎無論何人，每日必有一種游戲如網球隊球等。所以規則的生活中，包含了運動時間。我們每日握管爲生的人，最怕是缺少運動。譯者在新聞界中服務十餘年，所見新聞界中人，大都身體軟弱，不堪勞苦，這是很可悲觀的。中國現在運動的設備，雖然不很普遍，但是在新聞界中的同人和將進新聞界的人，不可不注意及此。就是每日能做一點鐘左右的柔軟體操，也是好的。

戈公振

中華民國十三年七月，

於上海時報館。

再版的序

此書的第一版,居然有人歡迎,立刻銷售罄盡,這是編者所非常欣慰而以爲榮幸的。並且得了讀者的指教不少,更使我非常感謝。

此次再版,除將應當改正之處,重行排過外,又加入若干新材料,我相信可以供讀者的參考。這本小書,雖然無甚價值。萬一多少有貢獻於中國新聞界,那就是編者的莫大希望。

末後還要附帶幾句報告就是拙著中國報學史,已交商務印書館印行,大約可以與這本書同時和讀者相見。本來鑒往知來,歷史有歷史的重要。所以很希望有興趣於中國新聞事業的人,也同時賜以一讀。

戈公振

中華民國十四年六月。

向想讀這本書的人道歉

這本再版的書,印好了一半,剛遇着陰歷年關,工人照例要休息,我又匆匆的出洋沒有等着印完全;接着時報遷移新屋,又把鉛版弄得很混亂,而且遺失了一部份,我所託的一個友人,竟無法代我整理,只好擱起來。光陰很快的已經兩年過去了。

在這個長久時期中,國內政局和報界的情形,都有很大的變化,這本書裏補充的材料,許多已變成陳舊。所以我剩着這次續印的機會,索性把這項材料完全拋棄,而加入很新鮮的,我這次世界一周所得有關報紙的文字和圖畫,想能得讀者的贊同吧!

戈公振

中華民國十八年一月於申報館。

附錄

插圖

戈公振在古羅馬遺址留影

日內瓦國際報界專家會議攝影

(X) 中國委員戈公振

國際聯盟邀請戈公振列席報界專家會議之公函

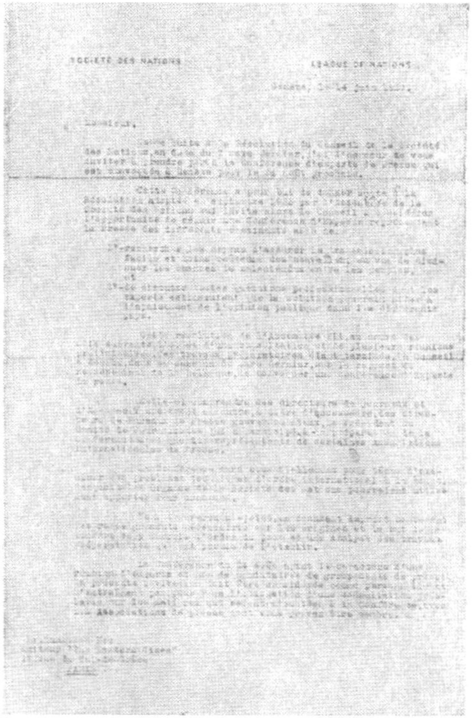
SOCIÉTÉ DES NATIONS   LEAGUE OF NATIONS

Monsieur,

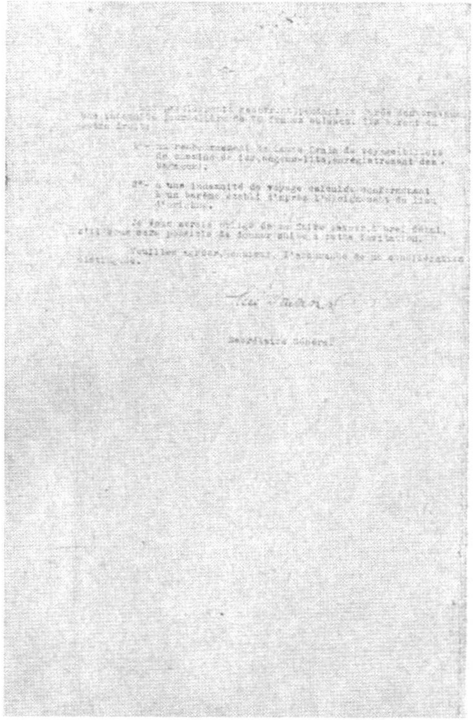

科恩世界報紙博覽會攝影

戈公振在大會場前留影

中國館及籌備員

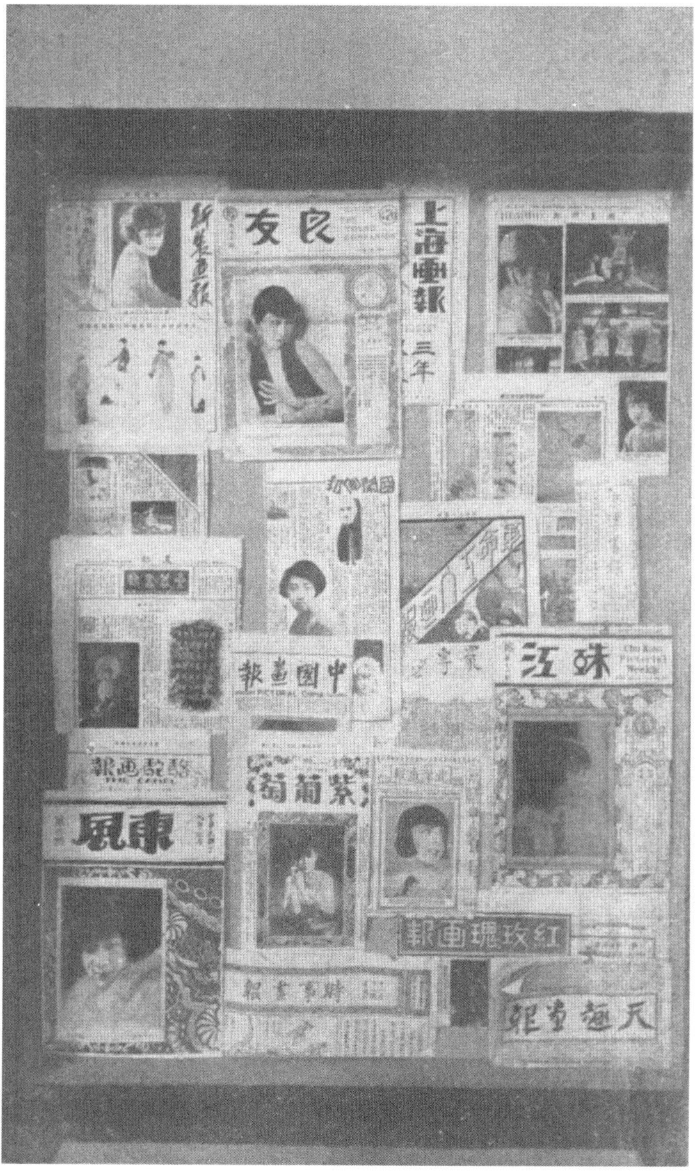

科恩世界報紙博覽會中之中國各種畫報

科恩世界報紙博覽會中之中國各種日報

科恩世界報紙博覽會中之中國各種雜誌

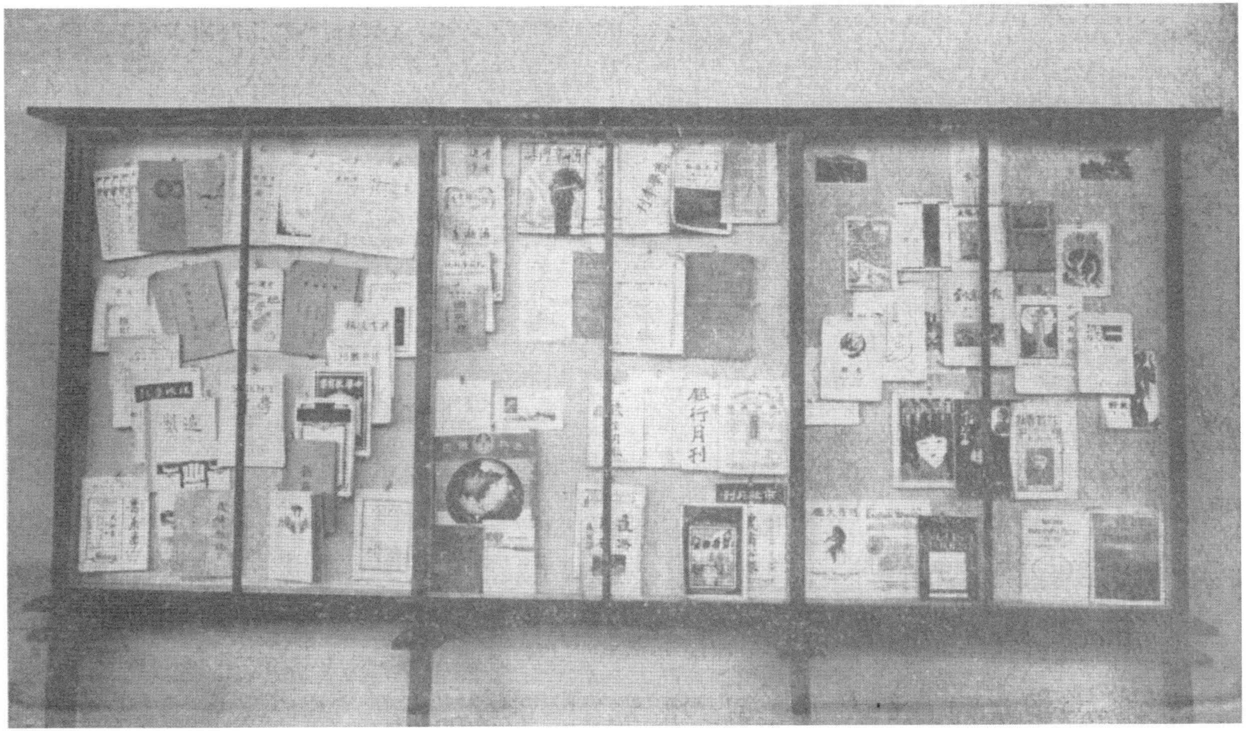

戈公振參觀倫敦路透電報總社留影

戈公振參觀倫敦時報留影

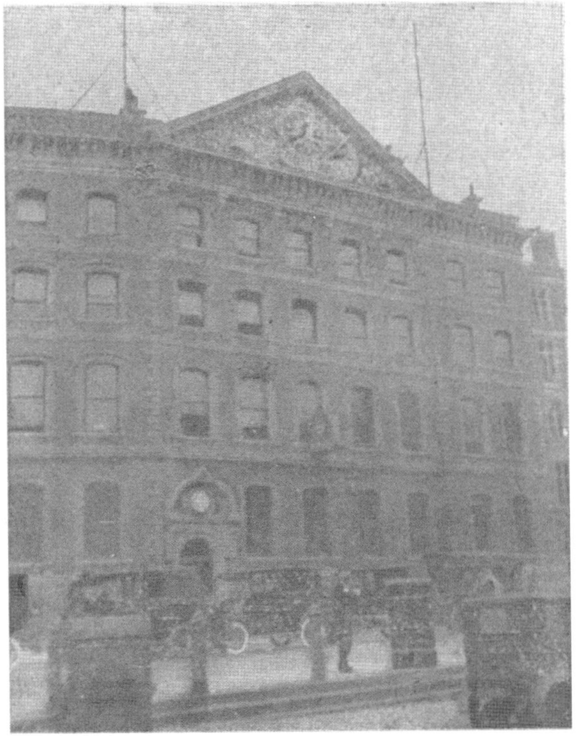

戈公振參觀紐約時報及芝加哥壇報留影

戈公振參觀大阪每日新聞及福岡日日新聞留影

在傳書鴿籠前

新發明之德國式電傳照相機

滬甯報界歡迎戈公振歸國攝影

在滙山碼頭

在雞鳴寺

目錄

新聞學撮要

第一章

緒論

這本書不是，且不敢自居是，新聞學的百科辭典。並且此書又不自居爲新聞事業的嚮導。因爲有好幾個理由，著者不欲對讀者說，怎樣他才可以成一新聞記者；倘讀者已是新聞界中人，怎樣他才可以更做得好。

這本書裡，絕無什麼一定的規則，因爲這種規則在聰明的讀者是絲毫無用；在不懂的人是仍然不能懂。

新聞學不能用書籍課程來傳授；不是像簿記法，速記法，打字法，及其餘的數種智識，可以由書籍或筆管而得着的。

著者不敢作教人的嘗試。有許多事實及智識，著者以爲不但有益于新聞界中人，就是對于想進新聞界的人也非常重要，著者只將這種事物指出來。

著者將新聞事業所有職業的及商業的兩方面的情形，都表明出來，最後則注意于商業的方面。因爲最易明白的是,經濟方面和生利方面是極重要。並且能够投身于不能營生的職業的人,終究比較的少數,所以這方面是永遠要緊。

著者所欲陳述的指導及暗示,不因著者自己在新聞界的經驗而有偏頗的見解。我努力于正直的,有良心的,活潑的,明白的寫出新聞事業的兩面——堅實的和脆弱的兩面——如同印刷的時候描出藝術的及職業的圖畫。

著者之作此書,髣髴是一齣新聞界生活的影戲,用最無私心的照相器照出來的;並且努力將無色彩而沈滯的反面,和可樂觀的正面,都一樣寫出來。

第二章

新聞紙和定期刊物

在美國和加拿大,通常發行的新聞紙,雜誌和他種定期刊物的總數,是二萬四千餘種。其中約有二千六百餘種是每日發行,七十五種是每星期發行三次,六百五十餘種是每星期發行二次,一萬七千餘種是每星期一次,六十種是兩星期一次,六百八十餘種是每半月一次,三千餘種是每月發行,七十五種是兩月刊,二百五十餘種是季刊。

這些新聞紙和定期刊物大約在一萬一千六百九十個城市裏和鎮市裏發行的

大的日報有一半以上都發行星期日增刊。此外又有幾種獨立的星期日報紙與日報的發行所無關。

既發行晨刊又發行晚刊的日報比較的少數。大的晨報發行兩版:一係銷行於城外,一係銷行於城內。小的晚報只發行一版;中等的晚報發行兩版;大的城市晚報發行五六版。

多種的大城市日報于星期增刊以外，又發行每週增刊，其材料大都取之於日報，不過注重於瑣事及所謂文學的事情。

星期日新聞紙上雖也有時事消息，但此外有多量的雜品，專論，及小說。小說又係長短兼收。還有好幾頁是家政，新裝飾，和特別的論文，大部分均充分的用圖畫解說。

新聞以外的一大部分的材料，是由聯合公司（The Syndicate Company）供給的。關於聯合公司，我將在另一章內說明。

新聞紙在星期一至星期六之六日中，若非每日發行，則亦至多不過一次發行一版。

一切的日刊，星期日報及週報，都有許多的雜品，或新聞以外的材料。其中還有許多，載了短篇或是長篇的小說以及對於婦女和家政足以引起特別興味的稿子。

事實上各種週報每號都發行一篇或數篇的小說；用兩欄或兩欄以上，專載短篇文件。但是這種短篇材料的大部分，或者在報館外已經印好，或者接到手的時候已經排好的。關於這一層，在其餘各章中加以說明。

一切電報的消息，普通的消息，和非本埠的消息，其大部分是由專從事於搜集及分配新聞的通信社送來的。不過大報紙常常有數欄的新聞，是專爲該報所有，由自己特設的電線傳來；或是特電而由普通的電線傳來。

事實上，大日報中的本埠新聞材料，是由與該報有關係的訪員所寫；這種訪員的大部分是有薪水的，也有由所謂特約記者撰稿的。

關於訪員和特約記者的義務，我在另外各章說明了。

雜誌和他種的小說印刷品，除非用社評的形式以外，大概不載新聞。並且這些定期刊物，絕不雇用訪員。他們的編輯部，是由男女文學家合組而成。他們在他們有關係的定期出版物上很少著作，但是對於書中的內容須負責任。其內容是差不多件件都由社外著作家寄來，這種社外著作家的報酬是按字數或欄數或頁數計算。

除去幾個少數的例外，事實上一切所謂文藝雜誌和小說雜誌。都是按月發行。至於季刊，普通是評論的性質，或帶教育方面的性質。

在全世界雖不知若何，就美國而言，銷行最廣的定期出版物是週刊。這種雜誌的大部分都是載有插畫的小說及專門的論文。

各種雜誌和新聞紙以外的定期出版物，都登載種種小說和雜品文字，成爲文學及他種有價值的論文的著作家的領域。以後的各章內，我將論及這種工作。

那嗎，可以知道，文藝著作家從一家報館裏很少機會得多量的進款，他們不能不倚賴於聯合公司，雜誌及他種不載新聞之定期出版物。這種定期出版物，我將在別的着太近於最高的位置。

從前是，事實上每個記者都是由印刷工人的徒弟出身，由經驗而與一切部分，由最低處至最高處，都十分接近。這樣的人們，只要有十分的能力，事實上可以辦理新聞事業的各方面，可以指揮他人。世上有一個確實可信的口傳的法則；『凡是我們自己不能做的事，我們不能指揮他人去做。』

我們從前多數商界的偉人，大都是出身於鄉村的店鋪，甚麽事都曾做過，親自掃過他們的店鋪，賣出貨物和管理帳目。他們在事業的基本上站住了，所以有各種事務的詳細的知識。有了這種由工作得來的實用智識，他們才能够指揮他人的工作。

我想勸一班有志做新聞記者的人，都要從最低處做起，並且親近關於新聞紙最勞力的工作，我甚至於想勸他們去學排鉛字運用印刷機。

我相信，今日的教育，全是太專門化了。我們將我們的青年人，不教他立足於事業

各章內說明。

大的報紙是由專門家們辦理。並且這種大報紙的記者們，除了他們的專職以外，能擅長於他項職務者比較的少。所以他們不能夠，輕易的由這一方面遷到別的一方面。他們不過是專門家，不曾立足於新聞學的這門科學的全體。因爲他們以專門家而立身，所以永遠是專門記者，或是止管理某一部分的事情。

凡人要想成一個編輯長(Managing Editor)或是總編輯(Editor-in-Chief)，或是希望能夠指揮一個大報的事務，那嗎，關於新聞事務各方面的高深智識，却是必要；如此應該將新聞事業當做一個整東西，和牠親近，要達此項目的，只有學習及經驗新聞事業的全體。在起初的時候，應該先從當訪員起，一步一步的像走梯子的，走上去。現在社會上的情形——在事務和職業兩方面——很有利於專門家的養成，所以有極多的人不能夠得完全的成功，由於他們起初即得或職業的基本上面，却在他們出發的時候就養成爲專門家。他們實際做事的時候，對於他們所應該做的應該指揮的事務，缺乏了實用的智識，所以很是吃虧。

經驗是世界上最好的教師。沒有經驗的人，不必希望有很進步的生活。有了經驗他才可以走上成功的絕高處，離開世界的困難。

第三章

新聞紙的人員

大都會的報紙的編輯部和通信部的人員,普遍的可以大概寫明如下:

所謂總編輯的一職是,除了營業的管理及報紙的機械方面的事業以外,一切的部分都應該指揮。他關于一切發表的文字要負責任,並且直接的或間接的聘任編輯或訪員。所以總編輯,理論上最少有最高的權威,又是公斷的法院,最後的法庭。除了發縱指示的報館的所有人以外,總編輯是最自由的。並且有時候,總編輯就是主要所有人,或者是所有人之一,或者他代表各所有人。在這種情形,他在事實上就是他部下的新聞界的將軍。

總編輯尋常寫社論的大部分。或者總編輯,或者他的正助手,指示論文的題目或性質,使得不至與該報的宗旨相違背。

總編輯雖可以將許多的事務完全委

託他的部下，但是他個人應該指示他的助手們，專門記者們，和各種編輯部（除了廣告）的主任們。

直接歸總編輯管理的是論說記者，大約有二三人或二三人以上；除了他們以外，還有許多社外的論說記者。這些社外的論說記者大都是專門家，專就他們所研究的問題著作，其報酬或係適中的薪水，或係按篇數計算。

在館內的論說記者，將全部時間都用于該報，並且撰作大部分的論說。

次要于總編輯的是編輯長，是執行的職員，並且除了總編輯以外，就算是最大。有幾家報館內，編輯長是最高的人員，兼任總編輯和編輯長兩種位置。他不一定是一個論說記者，但將他的大部分時間，全用在該報的編輯部和通信部的管理上。

凡是大報館都有下述的幾種編輯（亦稱主筆或記者）他們各自管理他們的部分。（著者並不依部分的重要程度而排列，因爲他們的位置是變更的，如某種報紙以注重某方面而成特色。在這幾個特別注重的部分的編輯，因之位置亦較他種編輯增高。）

戲曲編輯　這個編輯可以全管，可以不全管音樂的事件。他對于該報所載一切戲曲的批評及消息，是應當負責任的。他自己寫論說，將其餘的事務委任于他的助手們。他的助手們中也許有他部的編輯或主要通信員。

音樂編輯　他的職務是撰作音樂的批評。他的事務與戲曲編輯相同。

政治編輯　撰作關於政治的論說。

經濟編輯　編輯商業新聞及股票報告。

運動編輯　現在是最要緊人員中的一個。他對于運動一欄及一切運動消息負責任。他自己親做這些難事，至于報告則委託于特別訪員或尋常訪員。

文藝編輯　他可以將他的職務的大

部分在館外做好，取裁書籍批評的文章；對于報紙上所有文藝性質的文字。都要負責任。

電報編輯　大報館內有幾個編輯專管電報。他們不必優于尋常的著作家，但是大多數都是不止于尋常。

此外還有所謂校正檯(Reading desk)，為三人至六人所有。他們的職務是讀各種的謄稿，校正他們，並且注意，不使違背該報宗旨及毀謗他人的文字存在。他們不必是著作家，但是他們不可不精通文字，綴音和斷句法。並且不可不讀得極迅速。

有些報紙聘用所謂標題記者，專撰新聞標題，但普通是，這些人總兼有他種的職務。

本埠新聞是受本埠編輯的指揮。本埠編輯可以由訪員出身，對於本埠的情形甚是熟悉。他有一本指示冊，每天指定普通訪員的事務。他的位置責任很大，採用數個助手。一切本埠新聞，都經過他的手或是他的助手，然後才送到校正台上去。

在大報館的幹部，有常備的十餘或三四倍于此數的訪員他們大概都能够處理任何新聞，但是他們中的一部分是專門家，精于很重要的事件的著作。

少年訪員（即練習生）是才學習的訪員。大部分的訪員都是以練習生開始。

還有專門的記者，但是不必在此贅述，因爲每一個大報館都有特別的部分，不能够一一說明。

我將各部分都一一分類說明，包括新聞事業的發行及營業兩方面。

在大報館的生活是很吃力而困難的。若是發行一種晨報，則有幾個人須做到半夜或半夜以後纔完功的，而多數日內工作的人，也須工作到夜間。這些人普通每星期休息一日。

一切的主要編輯人員，都要在館辦事，直到報紙將付印刷的時候才去。最少一個論說記者，本埠編輯，一人或數人的新聞及電報編輯，校對人們，以及五六人的訪員要在館內等至深夜，以防萬一的事件的發生及後來的消息。

或者是編輯長，或者是由他指派的人，應等至最後。由他監督排印；又須順應了周圍的事情及他的判斷而酌量去取。

在這篇的結尾，我敢說，有許多我們的最好的文學著作家都是在報館當過學徒的；他們的成功很受益于此時所受的嚴格訓練，又受益于變動不息的事務。報館是著作家的最好的學校。除了報館以外，再沒有方法可以與人物及事件更十分接近。充滿成功的希望的新聞記者之職業，要放入好活動的心裏。他起初就可以精通人生內面的情形。我不相信，在他種職業，也可以發現或得到這種同様的經驗。我主張有志做新聞記者的人，應該先當訪員，以得一種智識和經驗；就是他將來終局離開新聞界，投身于文學事業或他種職業的時候，也不能不利用這種知識和經驗的。

第　四　章

怎樣養成新聞記者？

若要用心理學的方法，或是任何他種方法，表明新聞界成功的主要資格，雖不是不可能，但是非常困難的。

事實上凡是有文字的智識的人，都可以學寫新聞紙的稿子，成一個有價值的訪員，並且最後可以成一個好的論說記者。但是有一件是極明白的，就是有天賦的才能的人，若是在新聞界爭先後，必定比非自己强迫不能寫作的人，進步更來得快。

因此，我敢忠告，不是非常渴望於成爲新聞記者的人，不可投入此界。並且讀者應該記着，即有這樣十分的熱望，如僅有此而無他種能力，也不能認爲可進新聞界的理由。因爲有許多人心裏總想做他們所不能做的事。話雖如此，我終究將熱望當做第一種資格。若沒有這種熱望，連平凡以上的成功也是不可能的。

大多數的新聞界裏的名人們，却是自然的進了此界，自然的自知其能够著作極容易，隨手應心。就是才起手的時候，他們是能够，而且確已寫出相當好的稿子，他們是富於觀察力，不要過度的努力已經與事件十分接觸。凡是關於公衆的事，他們都覺得有興味。他們不但是想寫下他們的印象及思想，其實在寫的時候也不覺困難，並且很有裨益的將當日新聞記下。

我想着，大多數的成功的新聞記者們，在十六歲的時候已寫稿子。他們中間，有些是非營業的報紙的編輯人，有些是投稿於本埠報紙的。鉛版和印刷機極能够引起他們的興趣。他們是偶爾高興而信筆爲文，長於書寫信函，自然而然的熟悉社會時事。他們是愛讀者，尤愛讀新聞紙。他們愛訪問報館或印刷所，印刷機的軋軋響聲，在他們耳中簡直是音樂，印刷人的墨水的氣味在他們鼻內，比亞剌伯的香料還要暢快。他們過印刷所或是報館的時候，不是實在進去就是想進去。他們喜歡與訪員和編輯成朋友，他們中的許多人認眞的供給新聞的資料。

所以，我敢極力主張，凡是因爲想出受歡迎的材料而須大費心力的人，不必拚命想當新聞記者。年將二十歲的人，若還不能够將他自己的思想，寫得淸淸楚楚，那嗎十成中有九成，不適於走進新聞界。

我不敢輕視實習的價值，因爲若無經驗，則無結果。並且縱使將來有成爲大新聞家的希望，最初的勞心勞力，未必能令自己，令旁人滿足。所以最初的工作是很吃力，不見得能爲大新聞紙所承受。但是你若希望成功——若有新聞家的天性——那嗎，事實上，你所有的一切著作，最少要能顯出你的前途，是極有希望的。

若是，自己實在覺得困苦以後，依然不能寫稿，並且無偏見的友人，也抱了同樣的意見，那嗎，不如完全拋棄新聞事業不幹。我們應該記着，不可操縱的天性是一個很好的氣壓計。若是我們自然的本能，不永遠的拘於一處，則世上必有他種職業比較的更覺適當。

世上也有例外。有些大新聞家，想起來並不像應該喜歡新聞事業，但是大多數的大新聞記者。還沒有進新聞界的時候，他們已是愛這個職業。他們很想寫作，無物可以阻止他們。他們打勝一切的障礙，將全身精力都聚集於他們的工作上。並且他們既有這般天然的本意的動機，又加上經驗，因而畢竟成功了。

儻是讀者想成一個新聞記者，並非住在大城市內，那嗎，我敢極力奉勸，宜竭力先從小新聞紙上着手。就是住在城裏，若能把鄉村新聞事業作爲着手的楔子，那總是好的。無論如何，未與大報發生關係以前，姑先調查鄉村新聞事業的種種可能性，我們大概反要決心，棲身於鄉村，享受一個地方上的聲名；這一種聲名，若在城市中與報界同行相競爭，那也許不容易收獲了。

有很多的人，得了一個地方上的聲名。

倘是他以優秀　子的資格而留於該地方,不成爲大報館的機器一部分,（這種的機器消磨八的性命很快,正和牠印出報紙的速度一般）,那嗎,他當然可以很得意的。

第　五　章

總編輯或總主筆

(The Editor-in-Chief)

所有在大城市報紙上登載出來的一切,除了廣告以外,都是受一個所謂總編輯的職員的指示和管理。他有時簡直是主要的所有人,或是經濟方面有了投資。若是他的位置,是完全薪俸報酬的,那嗎,他當然不能服從報紙所有人的方針。

總編輯普通是做社論,其餘的論說,由他的助手做。這一種助手即所謂論說記者;我在別章內另行說明。

差不多每個總編輯都是按級遞升上去的,最初在通信部當練習生,一切大小的事體都能夠管理。多數的總編輯,最初出身於排字房,因這一種經驗,就連製成報紙的機械的方面都能知道了。

除了許多極老的總編輯以外,大多數的總編輯是曾受過大學教育,並且他們都有很豐富的經驗。

在美國有幾個大記者,學校的經歷很少,不過僅受了一點尋常教育。但是這種事情,絕不能成爲輕視高等教育的理由。

若是想成功,做總編輯的人,不可不熟悉新聞紙各部的事情,不可不極留意於本埠的,各省的,全國的及國際間的事情。他不可不有異常的判斷力,並且應該于執行及著作兩方面都要擅長。

除了營業部以外,總編輯實際上是一個總司令官,直接的單獨的管理各部,並且他應該知道業務方面的情形。

除了發行人和營業部長以外,總編輯所得的薪水,在報館中爲最大。常常與發行人和營業部長相等。薪水的數目每年在五千元美金以下的很少,雖然事實上七八千元美金以上的比較的少數,但是最多的能得一萬元甚至一萬五千元或二萬元美金。

因爲多數總編輯是報紙經濟上的統制人,或者有股分,所以下級新聞記者,除非能够有一點資本,可以取得一部分所有權,或是非常出色,有絕妙的操縱的能力,才可以望得總編輯的位置,否則不能。

營業部,或發行部,和通信編輯部的聯絡是由於總編輯或編輯長。他們是執行事務的職員,並且將報紙方針傳知部下。

在事實上,大都會的報紙的裏面,總編輯對於不是直接與他有關係的人員,雖能完全指揮,却少有參與聘用的事宜。他得了報館主人的同意及主張,任命各部的主任,教他們各負其事務上及部下的責任。每天論說記者開會議的時候,總編輯應該做主席。常常各部主任開會議(連同發行人或發行人的代表在內)的時候,總編輯也應該做主席。

雖然大多數的報館都聘用總編輯及編輯長,但有時候以一人兼任這兩個位置。

小日報或鄉村週報的總編輯一職,大概是由各所有人担任,或者是交給其所有主人們中之一人担任。

第六章

編輯長或理事編輯

(The Managing Eidtor)

除了在小地方發行的以外,新聞紙是由編輯長指揮。這所謂編輯長也許是總編輯,也許不是,他不一定要善於著作。事實上,除了營業部以外,他是各部執行的領袖。普通情形,他聘用(除了營業部及機械方面以外)各部主任,並且須負責任。編輯部全體,可以歸他指揮。大部分的編輯,普通須由他委任。雖然本埠新聞部是大都由本埠編輯管理,理論上,全體訪員也由編輯長任命。

若要想成功,編輯長須有處理事務的非常能力,並且與各種事務宜相密接。

編輯長祇受總編輯的指揮,接受總編輯的命令;但是,尋常都是編輯長打主意;止要與該報方針相符合,他可以不必和他人商量就從事于他的事務。

編輯長的位置有極大的責任,因爲報

紙的銷行數和在社會上的位置，大部分是關係於編輯長的努力如何。

編輯長應該熟悉報紙的印刷的方面，至於論說，新聞及通信等方面，也要熟悉，不消說得。一切發現的事情，他都要知道，就是一切的新聞也應該注意。他的職任是不但要指揮，並且要創造。

編輯長的薪水，比總編輯的，約少百分之二十五。

總編輯和編輯長的位置，有時候可以被併合而爲一職。

有些報館，並不給這一種統率的記者甚麽總編輯，或是編輯長的名稱。這時候這種統率的記者被稱爲主筆，其餘的職員，被稱爲副主筆或某部主任。

第七章

論說記者
(The Editorial Writer)

小地方的報紙以外，報報總聘用一個或數個常任的幹部論說記者。這種人員，全部時間都用在報紙上，撰作一切論說材料，止是不管社論，因爲社論普通是總編輯寫的。有些副主筆們，常常對於社論或社論的一部分，也負責任。

每天有一個會議，由總編輯或編輯長主席。有關公共利害的事情在此時討論題目分交各論說記者。這些主筆們的多數，雖然普通能夠處置各種問題(除去關於新聞的事實的問題)，但是大概都是擅長於一方面的。

論說記者，一年得二千元至五千元美金，平均的薪水是三四千元美金。他們普通是很受了教育的人，甚至於也有很豐富的經驗，因爲於一切人事很有理解，並且能夠將他的思想和印象都寫下來，令人愛讀。

大的報館，在常任論說記者以外，還聘用數人的專門記者。他們大概在自己家裏做事。他們領受中等的薪水，每年五百元至二千元美金。或是照欄數(Per Column)計算，每欄五元至二十五元美金。總編輯，或編輯長分配題目給他們。

這些館外記者，普通是專門家，——某一種科學或藝術的專門家，——他們的事務，大部分限於他們的專門。例如，大報館的館外記者中，要有一個有名的科學家，一個好醫生一個有聲譽的牧師，一個有名的政論家，一個歷史家，以及其餘的專門家。這些著作家，雖然普通是因命令而做事，也可以有時候，自己選擇題目，隨意的送進論文的稿子。這種稿子，倘是為司令的主筆所承認，也就可以登載。

多數的文藝著作家都擔任特種撰稿事務。

第 八 章

新聞和電報編輯

(The News and Telegraph Editor)

大報館聘用一人或數人的職員,所謂新聞和電報編輯。他們的職務是閱讀,整理修改一般的新聞稿件。(這種新聞的大部分是從電線傳來。)稿子普通再交給校對主筆爲最後的校閱;但是這些校對主筆,除了必要的修正以外,不甚做主。

除了特別專電以外,普通的或是電報的新聞都是由新聞通信社送來的,寫在薄的紙上。

新聞的材料,稿子上是沒有題目,編輯要做成題目,放在前面。

有時候有修正或演繹消息的必要,因爲電報常常是很簡單,可以正當說明去補充牠。譬如報館接了某一個名人死亡的報告。編輯就在這個電報後,添進這個死人的歷史和一切與他有關係的事件。這個電報可以只告知死的日期。但是編輯加進關於此人的資料,就是多至數欄,也很合理。

假使報館接着一個電報,係關於一個紀念碑的除幕式,或是關於鐵路的開車式。那嗎,編輯將他所有很多的關於這個題目的材料都可以附加在電報之後。

新聞和電報編輯,應熟悉世界一切的事情,能够看了電報,即刻判斷其價值。

他們的報酬;每年約一千五百元至三千元美金。

小的報紙,也許沒有獨立的各地新聞部,將這些事務歸編輯中的某一人兼管。

第九章

校正主筆或總校對

(The Desk Editor)

大都會的報館，和有些小地方的報館、聘用一人或一人以上的所謂校正主筆。

報紙上所登載的一切新聞和評論，都經過他們的檯子。他們閱讀的主要目的，是因爲文法上的及他種的錯誤。他們也許改也許不改題目。

排鉛字的一切稿子，不能不正寫無訛，拚音不可錯，圈點要適當，段落也要分得淸楚，使司機人可以完全排出。

鉛版是分行排起(不是一字一字的排)，要改正的時候，不能如從前手排鉛字的容易。所以稿子愈正確愈妙。

校正主筆，除了必要修正和除去誹謗性文字以外，沒有甚麼裁判力。他的事務和校對員相等，不過他的位置，比較的有責任些。

校正主筆,大概是受過充分的教育,於文學很有研究。他們著作的時候很少,或是完全不著作;他們的事務以專門校正他人的著作爲限。因爲他們的事務有點呆[illegible],所以薪水不很多,不過也有很多的,平均的薪水是二千元美金一年。

小日報不聘用校正主筆,由編輯人自己或他的助手們,對于稿子的正誤負責任。

第十章

文藝編輯
(The Literary Editor)

在大報館裏的幹部,至少有一個文藝編輯,其責任是撰書籍評論,並且須撰作,或是剪取登載于報紙上的文藝作品。關于所謂雜品文字,可交給他編輯。

有些文藝編輯雖出身于訪員,但是大多數文藝編輯,很可以說是,並不曾由練習生開始;却因爲他們的聲名和文學的才力而聘用。他們普通是受過充分的教育,其中大多數是大學畢業生,其中有少數,是有一點聲價的著作家。他們須深知各種書籍及文學全部,並且要熟悉過去和現在文學家的特色。他們的文體倒可以不必用新聞體比較的很自由。

書籍的和雜誌的發行人,將書籍和定期出版物的稿本送至報館,寫明交文藝編輯。文藝編輯就要做重要的評論,其餘大部分的評論是由他交給他的助手們。這些助手們普通不是館內的人員。

大報館幹部的文藝編輯每年薪水二千元多至四千元美金。館外的特約評論員，若照薪水計算，每年在五六百元美金以下；或照一篇計算，約酬二元至二十五元美金。（參觀『書籍評論員』一篇）

第十一章

戲曲編輯

(The Dramatic Editor.)

每個大報館,以及多數的雜誌,都聘用戲曲編輯。他們不管他種事務。戲曲編輯有一個或數個常任的助手。有時候也可派遣他部的編輯,或派遣較好的訪員去帮助他們做事。

在大都會上,每星期都有幾種新編的戲開演於舞臺,那嗎,很容易明白,一個記者管不了這許多。戲曲編輯就選出最要緊的,自己親自評論,以外的却令他的部下負責任。

戲曲編輯或他的助手,預備事前發布的通告,和撰作普通戲曲新聞。

戲曲編輯也許是當過訪員,但是訪員的經驗或者雖有益于他,却不是必要的。

戲曲編輯須受過特別的訓練;應精于他的技術,是毋庸贅述的。與舞臺上的接觸也是很要緊。他須與男伶女伶，男女伶的性質及脚本，普通的戲曲著作家等等，很相親近，並且要知道舞臺上的情形，戲曲在舞臺內外的關係，和舞臺上扮演的技巧。此外，戲曲編輯須有文學的情緒，分析的理智，才可以將一齣戲，從純粹的文學方面，和簡單的舞臺方面，好好的評論起來。

有些戲曲編輯，可以算是畢業於舞臺，並且是脚本著作家。這種經驗是很有利益的。

第一戲曲編輯不僅要是一個著作家，而且要是一個評論家。他的鑑別情緒，不可不十分高尙的發育。關于一齣戲和演該戲的藝員，戲曲編輯須不將普通觀劇人的意見放在眼中，公平的評論，因爲有許多戲曲作品，只爲舞臺設備華麗的結果，得世人非常的歡迎，但是他的內容很要受深刻的責難。有些戲劇却與此相反，在舞臺上所得的報酬雖然很少，倒是眞正戲曲的作品。

較小的報紙，普通不聘用戲曲編輯；但

由某一部的編輯或是領袖訪員,對于戲曲評論兼負責任。他們可以因此得一點補助的報酬,但是大多數却不然。戲曲編輯須常常親自注意脚本。一個男文學家或女文學家,常常以適中的薪水而被聘用。

有名的戲曲編輯,每年得美金二千元,甚至五千元的薪水,平均不過二千元左右。助手的薪水自一千五百元至二千元。如報館裏現有戲曲部,那嗎,他部的編輯或訪員們,雖做一部分戲曲部的事,却沒有報酬。

尋常的編輯和訪員,不能夠寫有價値的戲曲評論,因爲這可以算是一件專們的事;但是有些人,雖非專門,却有這種特別的才能,從事于這一方面。

我要奉勸於有志做戲曲編輯的人,須研究新聞事業的各方面。

第十二章

音樂編輯

(The Musical Editor)

若非戲曲編輯,兼管關于音樂方面的新聞和評論,報館中當聘用一個音樂編輯。他的薪水是每年約一千元至三千元美金。他可以不專為一家報館辦事。

誰也能知道,若不是音樂家,若不是從評論方面理解音樂的人,絕不能够寫出有價值的,或是正當的音樂評論。

音樂編輯自己或令他的助手們,注意一切音樂界的重要事實。他與音樂極相親近,既知道聲樂方面,又知道器樂方面,並且他與音樂界中人,大都認識;又知道音樂家們的習慣和特色。

多數的音樂評論家是音樂的教授或教員,他們只將音樂的評論,視為兼職。

較小的報館不設音樂部,關于音樂方面的事,交給某編輯或某訪員。或者聘用一個地方上的尋常音樂家，給以極微末的報酬。

第十三章

書籍評論員

(The Book Reviewer)

雖然書籍的評論,直接的責任,在文藝編輯的身上,但是大多數的書籍評論是由所謂館外著作家(Outside Writers)寫的。他們是教育界的男女人員,有實在的和明晰的判斷力。其中也有退職的新聞記者,但是大多數是書籍的著作家,或他種文學的著作家;其中的多數書籍評論的專門家只能夠評論合於他們經驗和教育的書籍。

文藝編輯將須評論的書籍送給他們,每一個評論,給以報酬二元至五元美金。若是書籍非常重要,則報酬亦可加多。

書籍評論員,理論上應將一切交給他評論的書籍都精細的讀一下;但是普通如不是非常重要的書籍,則書籍評論員僅大畧的看一遍,因此他有時也許關于書籍的內容,發生不完全的見解。所以多數的評論,對於著作人不是失之于太恭維，就是失之於太刻薄，不能十分持平立論。

這個弊病很難救治，因為有價值的評論，所需報酬必多，能夠支出這項大報酬的報館，究竟很少。並且因為若是評論員的生活全部或一部，須倚賴於撰作評論，那嗎，他對于送給他的許多書籍和雜誌的大部分，勢難十分注意。

書籍的數目極多，若是適當的或是廣博的評論起來，自商業方面而言不很合算。而且多數的書籍——簡直是大部分的書籍——都不值得贊美的評論，只可大略的看一遍。

沒有報館能夠正確無訛或是十分周到的將文學或被指定的文學作品，全行顧到。

書籍評論員，只能夠應着環境，盡其所能。若是事實上他所得的報酬，比他所應得的較少，那嗎，就是他的評論，稍有不週到，也不能受十分的責難。

不幸是好評論員的供給有限，並且報館因周圍的情形，逼得要聘用，不求大報酬的書籍評論員。

有學問的人(並且縱然熟悉某問題)有時候故意與人爲難。許多的書籍評論員，與他種職業的著作家相似，胸中很有偏見。所以他們，有時候將應該稱贊的書籍加以砭詞，並且將偶然中了他們意思的書籍，推崇至于絕頂，其書籍倒反不見得有贊美的價值。

在未發明一竿可以正確的測量文學價值的秤以前，若希望普通人能夠正當的評論，而不陷於凡庸的見解，這却是不可能的。書籍評論員事實上很想盡力，但是盡力未必即能飽暖。所以潦草閱讀者(與其說是書籍評論員不如說他們是潦草閱讀者)只有一天一天的加多。若欲有進步，則不能不使書籍評論員可以得相當寬裕的生活。

有些書籍評論員，是除了由評論而得的報酬以外，還有中等進欵的男子或女子。

他們當然是有異常的才力。

評論員的薪水，無論若何少，其訓練又有時候不十分充足，但是絕不在普通書籍著作家之下。這些普通書籍著作家，雖他的著作極無價值，却希望評論員的恭維。

無論書籍評論員怎樣能幹，怎樣負良心上的責任，他的報酬總是不十分多。其唯一的原因，即由于營業方針上，並不完全需要這一方面。並且無論若何熱心，沒有人可以將一切發行的書籍全行正當批評到。

有些書籍評論員，——多數的高級評論家——並不能自己撰作好文章；然而他們有理解，有文學的天才，因而可以做最有價值的評論。

善良的書籍評論，有待于廣博的文學智識，古今皆不可不通，並且須深知著作家和他們的文體。

有些報紙，却很注意于書籍的評論，以養成一種特色，這種評論文字，才受人的尊重。

書籍評論員，常常兼有他種職務，以增多進款；可以將他所評論過的書籍以重價賣出。這種辦法雖似乎不道德，但是事實上已到處如此。發行人將許多書籍交給他們評論，以後又用金錢完全收買去。

尋常的編輯，不是一個好的書籍評論家。

書籍評論，可以自成一種事務，不能作為活動新聞事業的一部分。

第十四章
經濟編輯
(The Financial Editor)

大報館每天以數欄至一頁,或一頁以上的地位,登載關于經濟方面的新聞和評論,也包括股票的新聞。

美國人比任何一國人,歡喜投機。差不多除了勞動階級以外,四分之三的美國人,(還有些女人),都是經濟新聞一時的或每日的讀者;還有若干萬人,雖不做投機事業,對于股票買賣,還是多少注意。

報館中除了小城市的報紙以外,都知道這個社會的需要,是很要緊;事實上除了鄉村的週報以外,無論甚麼報館,都有經濟部,但是只有大報館聘用經濟編輯。

經濟編輯的位置,責任頗大,每年得薪水數千元美金。

經濟編輯不必是任何方面的或天才的著作家,却不可不與經濟界中人相熟,應該能夠推測股票及公債票的價值，與事實相差不遠。並且簡捷而有保守性。

尋常的訪員或編輯，不適宜于此位置。

經濟編輯雖也在報館的幹部，可不能算是普通意義中的新聞記者。他也許是直接或間接，曾與掮客交易所有多少關係；或是由長久的經驗而精通股票和債票的情形。普通的，經濟編輯，並不是投機事業家，可以算是因爲他所占的位置，應該將在金融界做危險的投機指明。

經濟編輯由股票公所掮客或銀行家等處探得新聞。有些新聞是用特電傳來。

他的辦事處，大都與他部相隔。他與報紙的經營，沒有甚麼關係，他的責任，只在于他的專門方面成功與否。

小的日報也登載經濟新聞，但不設立經濟部。關于經濟的事務，由編輯中的一人，或地方上的掮客辦理。

第十五章

政治編輯

(The Political Editor)

多數的報紙,(大小皆然)與某一個大政黨有關係,或依附某黨。但是眞正大報紙,除了評論欄以外,絕不許黨派的色彩,雜入消息中或方針內。

世上有所謂獨立報紙,事實上或名義上,與政治無關。但是一切報紙,不論黨派的或獨立的,評論的時候,却與政黨及政治有關。

大報館聘用一個或數個政治編輯。他們的特色,在于政治的評論。他們與黨派的活動常相接觸。他們也許做,也許不做他種問題的評論。

但是一大半的報館中,尋常的編輯兼管政治方面的事務。

倘是報紙,非常帶黨派色彩,那嗎,政治編輯的責任就很大了。他每年可以得數千元美金的薪水。

但是多數政治方面的論文，是由館外特約員撰作，館外特約員的薪水很微末，或照篇數計算。但是，尋常報館中雖已聘用政治編輯，關于政治方面的社說，却每每由總編輯撰作。

第十六章

參孜編輯

(The Reference Editor)

大報館中都設有參考部，由一個首領和一個或數個助手管理。這部的職員們的職務，是將一切有時候可供參考的新聞材料，編錄或整理起來。他們有一個書室，俗稱墳墓地 (Graveyard)，專將關于各種名人(如本埠的，各省的，國家的，世界的名人)的傳記及他種事實，整齊的排列着。這一部中，有一個精細保存的圖書館，和各種剪裁的書卷。編輯們和訪員們都與這些材料時時發生關係。這種材料的大部分，立刻可以取出應用。

倘是有一個名人死亡，叅考部的編輯立刻就豫備一個傳記，與宣布死亡的新聞，同時發表。快電中，可以止寫幾個字，如國會議員施密士昨晚十一點鐘逝世。這個電報後可以加上長的或短的傳記。

在報館中，有一種普通習慣，若是某名人，病勢沉重，報館就將這個名人的傳記或一生事實，預先排好鉛版，設若這名人，適在報紙正要印刷的時候死了，那嗎，這報紙可以在死信後，附記他的生平事實一欄或一欄以上。

有人說，有些報館中，收藏至十萬以上的傳記和他種參考的材料。

因爲要證明此部的重要和效力，我舉一個例，以供讀者參考：

有一樁鐵路事件發生。在極短的時間以內，參考編輯，就可造成一個表，羅列同樣性質的事變或同年發生的事變，交給訪員或編輯。這些材料可以編入報告中。

編輯們和訪員們，從這個參考部，能夠得一種材料，可以實在的增加新聞的價值。

現在我們假設，陪審員全體，關于某件重要訴訟，共同提出一種陪審的意見。參考部就豫備關于這件審訊的剪裁的新聞和他種材料，將這些材料總括起來，與陪審意見同時發表。

事實上，參考部掌有一切可以有用的材料，這些材料可以使編輯或訪員，將他們關于某項事情的評論，或訪稿，做得更廣博，更有價值和趣味。若是這種材料不能隨要隨有，可就不能達這個目的了。

參攷編輯，很是一個重要的人員，要有很強的記憶力，辦事要有系統，且有一點歷史家的性質。他的薪水由一千五百元多至三千元美金一年。

小報館中不聘用參考編輯，但是普通都有一個參考圖書館，全幹部都可以利用。由尋常編輯中的某一人管理。

第十七章

夜間編輯

(The Night Editor)

大的晨報聘用所謂夜間編輯,其固有的職務是一直等到報紙付印的時候,不離開報館。

總編輯或編輯長離開報館的時候,夜間編輯要負完全責任。他是在終結的時候,指示一切,甚麽應該登,甚麽應該停。除了總編輯或編輯長囑令必須登載的某件以外,夜間編輯有完全去取之權。

報紙常常已經排好,忽然發生一件重要事故,需要報紙上的大地位;就是已經排好的新聞,不得不大加拆除,將這件重要的放進去。

夜間編輯不可不有高級的判斷力,要能够臨時即刻判斷重大的問題。

多數的夜間編輯,能够排字,能夠讀鉛版。夜深的時候,他還站在排字房內,督促排版,指揮排字人,加進或除去某項文件。

因爲夜間編輯的責任甚大,所以每年薪水有二三千元美金,甚至有四千元。

小的報館中,不一定有夜間編輯的位置,因爲各編輯自己在報紙付印以前,多留在報館不去。

夜間編輯,除了充任最遲編輯(Last editor on desk)以外,可以兼任他種職務,占一個別的編輯位置。

第十八章

運動編輯

(The Sporting Editor)

一切大都市的報館,及多數小城市的報館,都聘用運動編輯。他的直接的責任,是編輯一切運動的新聞,——地方的,全國的,國際間的運動新聞。

最近數年中,對於運動方面的注意,異常的增加,許多報帋,用一頁至數頁,登載運動的新聞,尤注重於棒球。

運動編輯,不必是一個體育家,不必從前或現在是活動于這一方面;但是他不可不精通技術的和普通的運動事務,如此才可以將運動新聞及關於運動新聞的評論,做得很好而有趣,使讀者愛讀。他須與有名的運動家相親近,應完全懂得一切運動競技的規則,棒球固要知道,足球也不可不曉得,小划的比賽固要曉得,小快艇的比賽也不可不熟悉。

運動編輯普通出身於尋常訪員，他所受得訓練，是對付普通的新聞，也對付專門的或運動的事務。他成運動主筆的機會，是由於他在他的生活中，有時非常與運動有關係，或他的生平極喜歡運動。

運動新聞的寫作，可以當做一種特別技術看待。對於運動沒有興趣的人，可不能夠做得好。球場或他種競技場，都各有他們的特別用語，這是運動編輯所不可不知道的。否則，所做的運動新聞，决不能得好運動讀者的滿意。

新聞業的各門中，運動部可以算有較多的特權。有些可以算是錯誤的言語，甚至不雅馴的言語，習慣上，止有運動欄可以用。

因爲事實上，差不多一切男子，還有些女子，都是直接的或間接的，對於一種或數種競技有興味，所以運動編輯所占的位置，很可以得大薪水，甚至有數千元美金的。以一等的運動編輯資格而僅得薪水三千元美金以下的極少。

運動編輯,可以從幹部善作運動評論的多數訪員得幫助。又常常從有名的運動家得些文件,足爲運動欄增色。

小報館尋常並不僱用專門的運動編輯或運動訪員,却由編輯或訪員中之任何一人管理,與他事並行。

現在聯合公司,供給運動新聞的大部分,這種材料,用圖畫說明,以初次稿的形式,或已經排好送到報館,使報館以有限的費用而能得各處運動新聞的要點。

第十九章

標題記者

(The Head or Caption Writer)

報紙的銷數與每條新聞前或他種資料前的題目有關係。許多讀報人,並不細細看報,全讀其記事,不過因題目而知新聞。自報館營業上而言,此種情形,可以證明,有利用大鉛字及觸目的題目之必要。

因爲需要觸目驚心的,易動感情的,易於明瞭的標題,所以標題記者佔了很有責任的位置。他須讀得極快,能夠草草一觀,已得一篇新聞的大要,那嗎,他才可以用一個題目(但有時加入,或不加入副題目)以表明那一件新聞,使得讀報人由題目而可以推知那一篇的內容。

標題的文字,切不可僅老老實實的報告,要能夠引起讀者的興味。

有一件很要緊,就是標題記者要有鉛字的智識,他才可以不費難的,寫出一個標題，與印刷上所空的位置適合，便於報紙上的排列。

雖然編輯們和訪員們都能够做適當的標題，但是精於此道者却比較的不多。若要精於這一方面，那嗎，很像要一點特別智慧可以自成一種特別技術。

但是標題的作者，普通兼任他種事務，有時候是兼任校正主筆。

第二十章

本埠編輯或城市編輯

(The City Editor)

大都會的,大埠市的報館,都有一個本埠部,由所謂本埠編輯管理,他普通是聘用一個或數個助手。本埠編輯的責任是搜集當地的新聞,直接管理各種訪員,並且如沒有特設的城外編輯,則城外的事務,也就歸本埠編輯管理。

本埠編輯。有一本指示册或日記,其中由他記入必發生或可發生的事件,這種事件大概以一年內的爲限。

此外,本埠編輯有許多剪裁的材料,是記載本埠編輯或訪員所接觸的將來或過去的事件正當的排列着。

本埠編輯,每天將主要的事務,通知各訪員。訪員們便各負各的責任。事實上,本埠編輯,可以算是當地新聞的領袖,他的訪員與偵探有點相同。他負全埠新聞的責任。他應該定訪稿的長短。一切訪稿，過了本埠編輯的寫字台以後，若是該報有校正員，則交給校正員校正，然後才送至排字房。

本埠編輯，雖有時候須得編輯長或總編輯的同意，才可以聘用或辭退訪員。但普通是可以隨意的。

本埠編輯的責任非常重大，因爲他若不能幹，則報紙很難希望在當地十分銷行。

本埠編輯一年的薪水，在二千元美金以上，甚至在大報館有五千元，但是這樣大的薪水，究竟比較的少。他的助手們的薪水，一星期二十五元至四十元，有些人也可以再多得一點。

本埠編輯，普通是多才多藝，擅長著作。但是他也許無著作的能力而依然能成功。

大報館的本埠編輯，很少動筆，或全不動筆，將他全部的精力，用在指揮訪員上。

事實上全體的（我相信可以說是全體的）本埠編輯，都當過訪員；否則他必不能勝任愉快。當本埠編輯的人，不可不熟悉當地的情形,當地的各界要人;不僅如此,要有一種判斷的能力,當某種文件,或新聞來的時候,一見而能定其在報紙上應占的位置。

本埠編輯應該注意當地的情形,要能夠由外觀或由直覺,知道讀報人的希望。不僅要熟悉該報各部的情形,且須與一切編輯們,辦事人們聯絡;因爲我們很容易明白,凡是他在某天報紙上所要用的地位大小,與電報,新聞,及廣告等件的數量有關係。

本埠編輯,應該多少能夠豫先推測,某日所能載的,本埠新聞的數量,並且須能够隨時決定。這才可以容易分配,使報紙能不漏去當地的新聞;有時候雖不得不將新聞酌量減少,但大體尙有可觀。

小報館的本埠編輯,常常自己也做一部分訪員的事,他的最好的訪員,雖不必有本埠副編輯的名目,實際却當他的助手。但是從一般情形說,小報館不聘用本埠編輯,因爲小報館內所謂編輯,尋常須擔任各部分的事務。

大城市以外報館的本埠編輯，每年可得薪水一千元至二千元美金。平均的薪水，不過一千五百元。

如本埠編輯，不長於著作，則很不容易離開本埠部而昇爲論說記者或編輯長。但是我相信半數的論說記者，編輯長，總編輯等，是當過訪員，並且當過一時的本埠編輯。當這一種職務，最可以深悉人事的內容，並且當過訪員以後，再當本埠編輯，可以更加明白社會的現狀。將來在報界的無論何部，都因此得着實在的裨益。

第二十一章

訪　　員

(The Reporter)

從新聞學上說,訪員是一個新聞的搜集人,大部分的訪員的職務,是限於一地方的事件的記載。

大都會的大報館,通常有訪員二十五人至五十人。其中有一部分,是所謂常備訪員或自由訪員(Regular reporters or reporters-at-large),他們遵着本埠編輯的命令去做事;還有一部分的訪員,是所謂特區訪員和特務員(District and special men),他們的職務是專管指定某地方的新聞,或專管某一項的新聞。

特區訪員是受城外編輯的指揮。若無城外編輯,則受本埠編輯的指揮。這些訪員們是自己隨意採訪新聞,沒有指定的事件。他們在所領的範圍內,隨自己的意思,搜羅可以引起讀者特別興趣的新聞。

常備訪員是與報館幹部有關係的，他們的大本營是在報館裏的本埠編輯室(The City Room)內，每日接受本埠編輯的指示。本埠編輯有一本指示冊(An Assignment Book)，並且代訪員們想方法，命各訪員，或做一件重要事，或做幾件次要的事。普通是一個訪員，止被指定一件事。但是這事，若係非常重要，則兩個或兩個以上的訪員，也有同時受命令的，本埠編輯或這事主任訪員，須將各種報告整理過，使登載的時候如出一人之手。例如：有一件謀殺案發生，並且這案的犯罪情形，和各種關係很有價值，可以佔報紙上的第一頁。那嗎，我們可以知道，像這樣的事，絕不是一個訪員所能辦得完全，於是幾個訪員同時被派遣來做這一件事，至於負責的訪員，做這一件事的大部分，或較重要的部分。

無論誰家報館，都有兩個或兩個以上的訪員，是有非常的才幹，可以擔當重要事件的。這種訪員，普通是多才多藝，能辦理任何事件——一件悲慘事能管,一處會議也能管。他們也許是,也許不是速記人。若是他們不懂速記而又需要的時候,可以派一個速記人隨去,聽他們的指揮。

但是一切的常備訪員,雖多少帶一點專門的性質,並且探訪某種專門事件,比較的便當。但是事實上對於一切發生的事件,他們都可以辦得有效果。

大報館裏,聘用幾個專門訪員(Department Reporters),他們的職務是將他們的時間,專用於某一種事件的新聞——譬如:一個管法庭,一個管失火,一個管政治等等。

報館幹部有一個或數個特別訪員,能够處置專門的事件。或能將訪問本埠名人們的印象寫出;或能將一個紀念碑的除幕式,或橋梁的鐵路的開通式的印象寫出。這種人,最少有點文學的氣味。其中的多數,止要心裏想做,他們就可以編成有價值的雜誌的或書籍的材料。

不消說得,訪員大概總是處處留心,所

有他偶然遇到的新聞,就是不在他管轄區域之內,也一定報告給編輯部的。假使他有空閒時間,他就自己寫出來。否則本埠編輯就指定一個訪員做這件事。

城外訪員(Suburban Reporters),——專管一區或數區的人員——不管他所被指定範圍以外的事。倘是有某件重大事故發生,本埠編輯可以派一個或數個幹部常備訪員來幫助,並且普通反受城外訪員的指示。城外訪員所得的新聞的大部分,都由電話或電報,傳至報館。

幹部訪員或常備訪員(Staff or Regular Reporters),——直接與報館連絡,專聽本埠編輯指揮的訪員——每星期薪水十元美金,多至五十元。但是能得五十元的很少。大報館的頭等幹部訪員,可以每星期得薪水二十五元。

許多報館收用所謂練習訪員(Cub),大多數是方由大學畢業的。這些人的一部分——並且是一大部分——不能幹得好,最後還要離了報界。他們的報酬最初每星期十元至十二元美金;若是可以昇進,則薪水就可以增加。

規定薪水以外,訪員還可以有一本費用簿(An Expense Account)使訪員在很遠地方辦事的時候,不至於花費自己的金錢。

訪員須自己吃飯,從家裏到報館的車費,也須自己付。止有辦事的時候,報館支出旅費;倘是因公而不能歸家,也由報館支出食宿費;若是因公而不得不在遠處進食,報館也照付。

城外訪員如須因公離開其所住的鄉村,那麼,也可以由報館付以旅費。

差不多各大報館,都約定所謂補充員(Space writers),——就是一種訪員,訪稿以欄數計算。在報上登載出來,每欄可得二元至十元美金。平均是每欄五元。除了幾個例外,補充員的報酬,是不照他所寫的計算,是照登載出來的計算。例如補充員,送來的稿子,可以占一欄的位置,而編輯偏節短牠,僅可以占半欄，那麼，除了有特別的約定以外，報酬只可以照半欄計算。這些補充員也許是受了本埠編輯的委托，也許是自由做主，投他們以爲可以採用的稿子。他們中，有些是專爲一家報館出力，有些是搜羅材料，賣給通信社。他們的多數是文學的著作家。

中等城市的或小城市的報館，都聘用兩個訪員，多至十一二個，薪水每星期十元至二十五元美金。平均的薪水是十二元；這種報館也聘用補充員。這些訪員的職務與大城市的差不多。

大都會的報館的城外訪員或特區訪員每星期可得十元至四十元美金，但是平均的薪水，不過二十元至二十五元。

小報館的城外訪員或特區訪員，每星期不過五元美金，並且除非所担任的範圍甚大，每星期總不能多於十五元。

小的日報，給補充員的報酬，每欄三元至五元美金。

半數左右的鄉村報紙普通以每星期

發行者爲限，都設立一個包辦的通信處。大部分的新聞由編輯親自搜集或外面投來。這種報紙，常從十一二或多至五十個的鄉村通信員，送來新聞。這些通信員的多數是教員或書記，用於通信的時間很少。他們每星期可得二三元美金，或多至五元，但是他們中的多數，完全爲名譽而通信。

第一等的鄉村報館，普通却也聘用一個領薪水的訪員，他的職務，可以算是副編輯，每星期得十元，至二十元美金。

訪員的職務，差不多專限於新聞的搜集及撰作，有時候豫備特別事件的稿子；若不是鄉村報紙的訪員可不能做社論。

沒有比探訪的經驗，可以更增進評論的或文學的技巧。和任何著作家比起來也是訪員與世人和世事最接近。訪員的職業，使他最接近快樂和悲傷，事務和職業，以及一切人生的事故。訪員無論何時，都是站在火線上，或是站在觀象臺頂上。沒有不在他視線以內的。他今日訪一個悲傷的寡婦，明日訪一個欲自殺的人。他今天到法庭旁聽，明天看一個結婚式。他又與實業界領袖，牧師，或勞動界領袖，工人們談話。人生的光明與黑暗，都像影戲一般的，經過他的眼前，彷彿沒有起頭，並且永遠轉動不息。訪員可以比甚麼人更自由的，大叫「世界是我的!」

從報館的訓練上說，不論若何困難只是勸人的眼睛及腦筋集中。事實上美國的有名論說記者和總編輯，都出身於這個大學校——訪員學校。

雖然有幾個編輯，沒有訪員的經驗而能得着聲名，但是大多數的編輯是出身于這種行伍，在他們不曾得志，可以利用比刀還鋒利的筆管以前，他們是當過訪員的。

我很願奉勸個個有志做新聞記者的人，以訪員而進報界。比這條路，可以更能造就報界的成功基礎，世上絕對沒有。若沒有這種經驗，也許能成功。不過有了這種經驗，成功當然更大。

此外，我更敢妄行主張，初入報界的人，

可以先在鄉村報館練習,因爲大城市報館,不能立刻使這種館員,與下述的事務相接近——即是一切鄉村報紙記者,每日生活上必要的一部分事務。

鄉村編輯或鄉村訪員,不僅與外部的事情相接近,並且與他的報紙的一切部分相接近。他的寫字台是緊靠排字房,他著作的時候,聽得着印刷機的響聲。大報館却是好像一個絕大的機械,分爲若干部分,只有少數部分是密切相關。所以鄉村報紙編輯們可以比較城市報紙的編輯多接近許多事務。

我很以爲恨的,是大部分的訪員,已經進了報界,並沒有特別的熱心,又不由於眞明白的理由。他好像有一點爲新聞事業所引動,因而盲目的加入。其中的多數人,是不能成功。其中的少數人,也有偶然得意;也有久留而變成失望的,做事像機械一般,所得的報酬,幾乎難以維持他的正當生活。但是這種情形,是無論何業都有,所以不能成爲不可進報界的理由。

怎麽造成良好訪員呢;即是,甚麽人才可以在報界成功呢?若要證明通信的技巧,在於何處,是頗不容易。若要從心理學方面,研究善於搜集新聞的腦筋,是若何構成,這件事也是很難。

對於無論何種職業,若無愛職業的心,絕難成功,尤以從事新聞事業的爲最。以外,若是沒有活動的精神(這種精神自然現出於其著作中),若是不能將其所親見的事情,切實的描寫出,若是純粹從事機械的動作,若是沒有目的,隨便幹甚麽事都是情願,那嗎,最好是遠遠離開報界如離開災疫一般。

對於新聞事業有很强的,自然的愛力,固然是爲報界成功的要素,但是在此熱心以外還不可不有一點他種資格。有志做訪員的,最少,應該能够有點理由,可以相信他是「足以」,或是將「足以」適合於報界的條件。若是自己的性質,不是敏捷的論說家,並且自己覺著,雖是已經很有條理的,很聰明的實習以後,還是不能將事實和感想簡短的描寫出來,那麼,他不能希望成一個良好新聞家。此外,就算是將來能做編輯,當訪員的人,不可不有新聞界的特用語中所謂新聞鼻(A Nose for News)。不僅能夠對付他的目前明瞭的事實,並且要能夠有一種特別能力,由推測而發見存在的事實。當訪員的人,要長於外交,因為他要對付各種人物。並且要有一種判別能力,曉得什麼是好新聞,甚麼是不要緊的。訪員不可不預先能夠知道,甚麼一種特別的新聞,對於他所關係的報紙有價值,於是動筆寫出。並且寫的時候,不必盡將他所要說的全寫出,却要將該報以為有登載價值的部分寫出。訪員要能夠遇到事件,即刻明瞭這事件的大概。並且要有善於判斷他人性質的能力;與人接洽的時候,要能夠鑑別眞假。訪員不可不懂得方法,辨別關於他所聽得的話,什麼是可信甚麼是不可信,如披沙揀金的一般。訪員又不可不時時注意於社會的心理，推測人人的要求的徵兆。

倘是，上述各種需要能力的全體，或將近其全體，都是沒有，當訪員是恐怕要失敗的，恐怕無論進活動的報界中的任何都分，也是不適當的。

有志做訪員和編輯的人，不可自己騙自己，相信所受的學校教育（就假設是大學教育），可以成一個良好訪員或編輯。書籍的和學校的學問，雖然關係極大，普通的學校教育雖然是必不可缺，但是若不知道應用的方法，世上一切書籍的知識，在報界中就變成毫無價值。無論比何種職業，要以報界爲最重學問的應用。

很多的美國著名新聞記者，不曾受過大學教育。這些著名新聞記者中，有許多人，若曾畢業於高等學府，也許成更好的著作家，更好的新聞記者。但是單是大學教育一項，不能判定使人適合或不適合於新聞事業。如我們能夠利用所應該利用大學教育恰如其分，當然可以受其利益，其實不論何種事業，大學教育都能相當帮助我們；但是我們若要在報界中大大成功，與其恃教育還不如恃人。

雖然如此，切不可輕視高等教育的重要。若不多少有一點高等教育，在新聞界一切方面上，都要受影響。

我對於有志做新聞記者的人忠告是什麽呢？若簡單說起來，倘是你自然的有進報界的熱心，並且因你預備的經驗，你可以有自信能成功的理由，你就可以進去。但是，你若想將這個職業，爲謀生之法，要先與新聞界中名人接近，向他們請教，若想成功一個新聞記者，甚麽是不可不最要豫料的，甚麽是應該做，並且必要做的，他們一定肯指示你。若不這般細細調查過，可就不能隨便以此爲職業了。

倘是調查的結果，足以引起很有理由的疑惑，應該想想他種職業，可以不必需用報界成功上所特別必需的一種能力。

這個問題在「新聞鼻」一篇和他篇中再當細說。

第二十二章

新聞鼻

"A Nose for News"

新聞鼻這句話，雖然是很特別，但是這句話可的確算是含義甚廣，而又人人懂得；這句話已經成了新聞界特用語中的古典。有些人有新聞鼻，有些人沒有。這是人的自有的一種能力，也可以多少學得一點；但是有很多的人，雖極力用心求牠，並且費了一世的力，也不能有成功於搜集新聞的希望。

空氣中充滿了新聞。到處都在等候新聞採訪人。家家屋裡都藏着新聞，處處交易的地方也是如此。新聞是用不著去製造；新聞是存在的。新聞必等人去尋覓。

現在我說一段經驗：多年前，當我總管某家日報的時候，我的訪員領袖想指點一個練習訪員。他教這個青年到街上去，令他將所能夠尋着的都帶回來。誰知這個練習訪員，垂頭喪氣的跑回來，好的歹的，甚麼消息都沒有。他在最熱鬧的交义路口，已經很等候過；已經訪問過商店，暗暗底注意過警察，試問過有職業的人物。他很正直的，認眞的，並且盡了他的全能，以求一點成功。

這個訪員領袖就質問他。「小朋友，你怎樣開始的呢？」

練習訪員答道：「我走近一個人，問他今天有沒有甚麼新聞。」

訪員領袖就插嘴說，「他答你，說是"沒有"」。

練習訪員問道，「你何以知道？」

訪員領袖答道：「無論是誰，不管有沒有新聞，總說沒有的。」

練習訪員叫起來；「呵！」

訪員領袖說道，「隨我來！」

他們兩人就携手而出。

訪員領袖說道，「我們就執住那一邊的人罷。」

訪員領袖跑過去，先是很客氣的說了一聲「早晨好呵！」並且恭恭敬敬的發問道，

「你是今天早晨由格林費兒德動身的嗎?」

這個農人答道「是的。」

「你們的穀子收穫是怎樣?」(訪員領袖問話)

「像這個樣子過去,恐怕要有超過記錄的收穫呢。」農人就高興的這般答。

訪員領袖問道「你們那一方面的人都是種穀子,是不是嗎?」

農人答道「全是的。」

「你有多少種穀子的愛克爾?」(一愛克爾約中國六畝。譯者註)

這農人很驕傲的答道,「大約十二愛克爾左右。」

訪員領袖又問道,「那麼,和你的十一二愛克爾,格林費爾德這塊地方,有多少愛克爾是種穀子的呢?」

農人答道,「我算來是七十五愛克爾左右。」

「你的地方上的人,這個春天,都很過得好嗎?」

這個農人想了一下，答道，「很很的。但是我們的選舉會長，老畢兒是患了肋膜炎，還有金瓊司得了很多的追悼文章呀。」

訪員領袖就很客氣的說了一聲再會牽住這個練習訪員走開。

訪員領袖對練習訪員說道，「現在，你看！倘是你問他，有沒有新聞，他必定說沒有，但是他現在倒告訴我們四條頭等新聞。我們再找幾個旁人看！」

這個訪員領袖對一個郵政局長，先親熱的講了一聲「好早呀，斯密斯先生。事體如何呀？」

郵政局長答道：「沒有甚麼變動。」

訪員領袖說道，「自然我曉得，你們是沒有拍賣底貨的，但是那一個新郵政命令的事務，不是能增加你們的收入麼？」

郵政局長答道「是的。上月我們從他們收到的和交給他們的信，倒有七千封以上呢。」訪員領袖就輕輕捏了這個練習訪員一下。

訪員領袖提議道,「我們順便走進藥店裏,喝一盃沙達水罷。」

在喝沙達水和糖汁的時候,訪員領袖和沙達水的經理談起話來。沙達水還不曾喝得完,他已經得了八條病人的新聞,其中的三人是有名的男子,二人是有名的女子;三個小孩子是第一等家庭的;可是經售沙達水的先生,還不知道他將新聞材料給人。

當一個名醫走近訪員領袖身邊的時候,訪員領袖叫道,「早呵,醫生先生!新醫院的事情是怎樣?」

這個醫生用力的高聲說道「呵,我們剛才受了寡婦瓊司遺囑金四萬八千元,預備用於新的癆病室。」

訪員領袖又對練習訪員說,「我們去訪問勃立夫律師罷。」這個有名律師,是一個政客,兼任許多職務。和訪員的談話中,給了訪員十一二條頭等新聞,關於地方上的候補人和政治家的,包含許多可能的事。這個訪員領袖會了幾個人。在不到半點鐘的時間，他已經得着三十條以上的新聞，其中二十條是相當重要的，其他的新聞也都有登載的價值。

數年前我聘用一個訪員，他能够比尋常的兩三個訪員所得的好新聞，多得一倍；祇因爲他是一個新聞搜集家，知道接近人的方法。

訪員受了任命，調查甚麽會議或事件的時候，固然可以很容易的得着必要的新聞。但是他若沒有一個新聞鼻，那嗎，他周圍所有的新聞材料，難得有十分之九，被他尋出來。

新聞普通是不會飛來的，是取來的，是要搜尋的，掘取的，誘導出來的。

男女中十成之九，都是表面上說，他們不高興看本地的新聞；說不定他們很以輕視報紙爲他們的一種可驕傲的事情，專是取這種態度，以虛張聲勢；但是事實上，他們甚至於反是愛讀不關緊要的新聞，並且凡是登載他們的名字或行爲的報紙，他們倒要買幾份來看。

我再舉一個例，是我當某城市報館的練習訪員時候的事。我那時候是一個城外星期學校的藏書樓管理員。這個教堂的房屋，因失火而被毀壞了，但是保險費很够再建築的。建築委員會的會長是一個多血而拘執的實業家，他似乎是缺乏興趣，止知道用心於營業方面。我是一個野心勃勃的青年藏書管理員，很自己瞧得起。我很熱心的，想將這些書架，都裝上玻璃門。我就去會這個會長。

他答道「不必表面的裝飾。我打算用這項保險費，堅固的再建築這個教堂。不是必要的東西，可以不必算進去。」

我很覺著失望，自然將這一切都告訴我的本埠編輯。這個編輯是一個很殷勤的人，並且頗喜歡我。

他對我說道，「我告訴你一個方法。你做一個關於老邁格的新聞。我曉得他，他雖然時常反對報紙，但是有一條恭維的新聞，可以使他歡喜。」

我就照他說的意思寫出，並且其中說道，除了老邁格維廉先生以外，沒有人可以用這項保險費來再建築這教堂。我並且聲明，他是委員會中最有力量的人，並且這個會，對於他所做的事，應該感謝。

我的各種職務中，有招待一項，所以我要早早的到這個充臨時教堂的房屋裡去。老邁格已先到。將拳頭在我面前晃了一下，他叫道，「講壇上的那一段新聞是你做的嗎？」

我溫和的答道，「是的。」

他又將拳頭對我臉上威嚇，發怒叫道，「倘是我再見你這樣事，我就請你吃拳頭。」

我一邊身上發抖，一句不敢回話，自己退下來。第二天將這件事告訴我的本埠編輯，並且無意的說出，這玻璃門的一切希望都沒有了。

這個編輯說「那嗎，祗要你照我所說的我可以使得你得着這些玻璃門。」

我直率的答道「這是辦不到的。」

他又說，「相信我！照我所說的去做。」

我就沒氣力的問道，「我做甚麼呢？」

「再登出老邁格」

我叫道，「再寫他！他已决意，若是我再在講壇上，登載關於他的任何事情，他就要打我。」

編輯叫道「畜生！」

他想了一刻，於是再說道，「讓我自己寫寫看，你還不知道，怎樣的才可以恭維人到十二分。」

他就做了一條新聞，將稿子交給我。在他所引用的華美的文字和極流暢的句子前面，我所做的稱贊文句，簡直是毫無光彩了。

他對我說，「因爲要使你可以說是你做的，你可以重行照你的文氣做，但是此中的形容詞，一個也不可除去。」他說了好一會，我才肯照辦。

到第二個星期日，我進了這個臨時教

堂，心中不免害怕，老邁格和平常一樣，已先在裡邊。他手中拿了一份「講壇報。」

他喊道，「你寫了那一段嗎？」

我照着編輯的指示，答應了一聲「是」，可是預備躲避。他偏偏不但不打我，反是微笑起來，伸出他的手，和我手着實握了一下。

他說道，「好的。你們是慣幹這樣事，我們也忍耐慣了。我已經將關於玻璃窗的事想過一下，並且已經會過建築家。他說，他相信能夠有點法子，可以辦到。」

還有一件事：我的某友人，那時候是一個高級的地方的報館主人而兼編輯。他反對他部下的忠告，不肯收受一部分地方通信，及他所以爲不關緊要的新聞。

我們一邊喝咖啡，一邊議論這件事。我幫了他的部下，證明他是採用了錯誤的方針。

他細細想了好一刻，才答我道：「我現在漸漸的覺悟，覺得你是不錯，我要將原故告訴你。我和我的女人，前星期日，在一個鄉村裡親戚家裡住。有人告訴我們，說是村報上登了我們一段事。我們夫妻二人費了三十分鐘去找尋。眞正的說，我們沒有找尋得着，都很失望。」

有人說（並且說得有幾分理由），雖然有很多人，表面上很厭惡無關緊要的新聞，但是止要登載的話是恭維的，那麼世上沒有不喜歡這樣被登在報紙上的人。

自然是，都會報紙，不能够採用小報讀者興味的某幾種新聞材料，但是最近數年內，大約都會日報也添進許多門類，用「一席談」(Table Talk)「觀察者」(The Observer)「人事」(Men and Things」等標題，登載一種材料與鄉村報紙上所謂本地新聞的性質差不多。

所以我敢說，倘是雖想進報界，而沒有一個新聞鼻，並且相當的努力以後，還生不出一個新聞鼻，那嗎，最好將自己進新聞界的目的，重行考慮一下，儘可以另選一種職業。

編輯人雖可以毋須用新聞鼻去訪新

聞，事實上可是他的所現有的編輯新聞的技巧，大部分是由於當訪員的時候，搜集新聞的經驗而來。

我敢極力奉勸抱有當編輯的野心的新聞記者，要先有訪員的經驗，要當了數年的訪員以後，再想占他種報界的位置。

完全等候新聞向自己身邊飛來的編輯和訪員，是一定缺乏材料，無事可做。

能幹的新聞記者，不必一定像訪員一般，追趕新聞，但是他要時時刻刻留心。他不僅是一個倉庫，進口多而出口少。他應該搜集他所能合用的，他要知道，怎樣的才可以得着事實，怎樣的才可以應用。

雖然平常的文學家，不必能成一個良好新聞記者，也很不容易成功爲一個訪員，但是有訪員經驗的頭等新聞記者，也許出身於文學界。我們的多數良好著作家，是曾當過練習訪員，占過論說記者位置的。

除了幾個例外，我們可以說，缺乏搜集新聞能力的人，恐怕不能够善於選擇一種材料，用於文學上的結構及活動，以引起讀文章人的興味。

第二十三章

補充員

(The Space-Writer)

大的日報，並且事實上除了多數的週報以外，各報都特約一種所謂補充員或零篇作者(Space-Writers or Piece-Writers)。或不特約而祇用其著作。

補充員(或空白人 The Man-on-Space。這是新聞界的特別名稱)。沒有一定的薪水，止照他所做的——止照被用的他的著作——給報酬。

所謂一欄，在普通報紙上，是二英寸寬，二十英寸至二十一英寸半長。二十英寸長的一欄內，大約可容二百四十行六點大(Six Point Size)的鉛字，實地排滿，(Set Solid。即行間不留一點空地。)並且每欄平均是有一千七百單語。

補充員也許不得標題所占地位的報酬。

補充著作的標準價錢是沒有的，但是每欄肯付五元美金以上的報館甚少。不過材料如係重要，每欄五元至二十五元的也有；大概如非極重要或專投一家，則每欄十元，是很有人肯做的。

週報對於每欄的報酬是二元至三元美金。

日報上所載的地方新聞，大部分是由領一定薪水的該館訪員寄來的。倘是這種訪員的新聞，再論地位給報酬，則他的進欵可以比尋常加一倍。

若補充員並非城外訪員，則他的大部分時間，可以全用於特別事件的紀載，雖其中也許帶一點地方色彩，但可不以純粹簡單的地方新聞看待。

此種範圍很大。如訪問著名男女以及各種能引起社會興趣的新聞皆是，如某地橋梁的歷史，或是進某新車站的第一次火車的報告。

這種補充員多數是有他種位置，不全

類報紙生活。

在各大城市中，補充員機會很多，但是他們如不是非常有才幹，恐怕他們的進欵很要仰人鼻息，因爲極容易明白的是，報館止肯從他們收買尋常的訪員或編輯所不容易得到的稿子。

也有些訪員，情願不領薪水，止照稿子計算，因爲他們可以隨他們的意思去做。並且，若是他們非常有才幹，他們反可以比所領的死薪水，進欵還要增加。

補充員普通與常任的報館人員競爭。補充員要能够取得常任人員所不能得的新聞，或者要尋出與普通的通信和著作性質不同的材料。

有些常任報館的訪員，兼做投稿的事。

我在"特別稿件的著作者"的一篇中，續論此事。

第二十四章

特別稿件的著作者

(The Writers of Special Articles)

關於一切相當的問題,尤以關於不常有的,令人歡迎的問題,是什麼新聞記者,供給這種需要呢?有些新聞是不可以當作普通新聞看而仍帶着本地色彩,所以牠能夠引起普通讀報人的興味。有一種擅長著作的人,却將其大部分時間,消費於這種新聞上。這種人是對於上述的需要負責的。

他們普通是受過充分教育,其中的許多人是大學畢業生。其中的多數優於文學著作。其中有些人是在文學方面已有聲譽,很通行的書籍作者。他們也許有,也許沒有報紙上的經驗,但是我以爲他們中的多數,是曾在報界中做過事的。他們的友人很多,關於一切時事,他們的消息,非常靈通。他們差不多對於無論何種題目,都可以動手寫。他們的特色是與名人談話。

譬如,社會上對於肺癆的流行或治療,抱有很大的趣味。他們就去訪問幾個著名醫生,將從這些醫生們所聽來的寫出。或是將所聽的,一句也不更改,止多少加上一點敍述。

有時鐵路常常發生意外事件,且極流行。他們就去訪問鐵路職員及他種人物,將關於鐵路事故的歷史,做成論文,將過去及現在的都說到。

他們又常訪問男優或女優,紀述近代戲劇的顯明色彩,並兼論及舞臺上的新舊歷史。

純粹的食糧暴動問題,也是他們可用的材料。他們又注意到人生的教育方面,將他們與有名教育家會談所得的專門意見登載出來。司法方面也給他們豐富的材料。

這般問題的多數,常占一頁的位置,並且插圖極多,這種圖普通是照相。

他們的報酬,雖是照欄數或頁數計算,但其中的多數,較普通補充員的報酬要多些。不必以著作爲生活的有名人物，如做這種文章，則所得報酬更高。譬如：現在有一個新任各學校監督。普通的補充員，若與這個新監督會晤，將所得的談話材料，送至報館，報館未必肯支五元美金以上的報酬。若是這個新監督，肯自己署名，發表意見，報館將給以二十五元，甚至五十元的報酬。

他們專靠投稿爲生的也有，但是其中的多數，是另占了有薪水的位置，或做一定關於文學的事務。

一部分的，或者簡直一大部分的特別稿件是賣給聯合公司(The Syndicate)，由他分配至十餘種或數百種報紙。這個聯合公司所支出的報酬，較從一家報館所給的是要多些。聯合公司的制度，另有專章說明。

這種特別員，可以當新聞記者看，又可作文學家看。倘是他能够做小說，則收入更多；倘是他對於寫這種特別稿件很擅長，他就在文學方面有多少成功的希望。

第二十五章

藝術部

(The Art Department)

大的日報,還有多數較小的日報,都有所謂藝術部,是為搜羅聯合公司所未送的圖畫稿件而設的。

此部有一個或數個照相員,尋常將其全部時間,為報館出外活動。他們與訪員聯絡進行,不論何時,若有照相的必要,他們就要去。

此部又有一個照相製版房。在一點鐘以內,能將報紙上需用的圖畫,製成一塊印板 (A plate)。

多數的報紙,登載一切重要的新聞,如宴會,失火,意外的事,都佐以照片,使讀者如身歷其境,並且將重要的或有名的人物相片,也同時登載。

藝術部又保管印板,分類排列於木架上,用號碼記清,與圖書館的情形相似。遇着需用的時候，可以立刻取出。

報紙上所登載的照片，由聯合公司供給，或是鉛板，或是已經印成的。至于本埠的照片，大半另由與該館藝術部有關係的通信社供給。

藝術部長和他的助手們，都不必是新聞記者。其中也許有幾個人是可以寫作。他們的工作，是受編輯或訪員的指示。

這種聯合公司和報館藝術部以外，在每個大都會中，又有一種照相家，專門發售相片，尤其是名人的相片。報館如需用這種相片，可以一種兼取得其發行權的價格購買。

訪員常常受指示，搜羅報上所需要的某人相片，或論文中各種圖畫。若是無從搜羅，則照相員即被派遣，甚至從某事開始時，即與訪員同行。

照相員須善用快鏡(Instaneous cameras)精於對光(Focusing)。若他們不能如此，則臨時有些必須快攝的人和事物的相片，就要普通的淸晰,也是絕不可能。

圖畫近來非常的流行,半數以上的大都會報館,都聘用照相員視為必不可缺。因爲速成印板(Quick-acting plates)及近代製版術的敏捷,幾乎一椿事件的照片,可以由收到至印出,不要一點鐘。常有房屋失慎雖救火的人還在努力撲滅火頭,而火場的照片已在報上登出。

第二十六章

夜間工作

(Night Work)

不論是不是發行晨刊的報紙,編輯和訪員至少有一部分事務,是在夜間做的。

若是報紙有晨刊,則夜班大約須從午後兩點鐘起,一直到夜半,甚至在夜半以後。總編輯和各論說記者,可不必工作至天黑以後。止要有一個或一個以上的助手,留在館內,一直等到報紙付印的一點鐘以前,以防萬一有重要事件發生,他們可以撰述評論。

若是報紙止有晚刊,並且同地有幾種晨報,則編輯和訪員們,晚上可以少做點事,因爲多數的消息可以從同業的晨報上借用。

若是報紙兼有晨刊晚刊,則早班和夜班常相連接。

新聞記者也許不能够守一定的時間,

要看新聞的他種情形如何。他們也許夜間十一點鐘可以離館，也許留在館內至夜半後兩點鐘。但是，他們如能够注意衞生，飲食有規定的次數，睡眠有一定的時間，則夜工不一定是有傷身體的。事實上我認識許多強壯的人，是在夜間有極重的工作，而身體還是眞實康健，與日間工作的人相等。健康是與生活之規則有關。若是工作至夜深。則早晨宜多睡。

第二十七章

新聞分配公司或新聞分配會
(News-Distributing Companies, or Associations)

近幾年來,發生許多公司,是由各報館聯合組織的,所以為各報館服務,為各報館所有,並且歸這些報館管理。這些公司在重要的城市中,均有辦事處,並且聘用職員至數千人之多。這數千人住在公司的是比較的少數。各公司都有領袖,薪水極大,每年近一萬元美金;分公司經理(Territorial or branch managers),每年二千元至五千元。

每一分公司,都聘用編輯數人,他們的職務是整理或修飾收到的新聞。

這些公司,在每一個大城市,雇傭訪員一人或數人,其餘的地方則分為許多區域,一人或數人須負其領有區域搜集新聞的責任。

所謂常駐編輯員(Home editors),以及他的助手，都是將全部分時間，爲公司服務；但是訪員的大多數是與當地報館有關係的。這種訪員，普通是將所得一切能引起全國的或國中一部分興味的新聞，用電報通知最近的分公司或總公司。

譬如：一個住在麻省的斯勃林費兒德地方的訪員，將在該地及其附近所得的一切新聞，止要他以爲能引起麻省居民的，或紐英克蘭居民的，或全國的興味，他就發電至波士頓的總公司。倘是他所送去的消息，不至於能引起麻省以外讀者的興味，則波士頓的總公司就不再傳至該省以外的報館。若是新聞的價值，不限於此，則總公司即再將新聞的全部或一部，送至該省以外的報館，甚至送到太平洋海岸的諸省。

這個總公司或分公司，可以當做一個漏斗看，所有在各城市，各鄉村各區的數千訪員寄來新聞的稿子，都放進這個漏斗裡去。這種辦事處，將收到的新聞整理過，送至爲該公司會員的各報館。有些報館，可接收新聞的全部,有些較遠的報館,止接收其一半或一半以下。這個公司,確是一個分配機關,普通將由電報收進世界的新聞,對於這公司的各會員,照其所應得分量支配。

各報館每星期給一定費用於公司;照所收用的平均字數計算。這種費用大報館須每星期支出一千元美金或一千元以上小報館所支出,却不到四十元或五十元以上。在一個鄉村裡,如有數家報館,均屬於同一公司,則新聞可寫在炭紙上,以同樣的材料分配於各報館。

在這種公司服務的訪員,或是領一定薪水,或是照稿子分量計算,若係領薪水,他們每年可得二百元美金,多至二千元。如係照分量計算,則每欄五元或五元以上。

大報常有一種特別電報,不至該報登載以後,他報接收不着,但是大部分的普通新聞和電報,却是從一個公司分配的。

有了這一種制度支配起來,報紙能够得到世界新聞,比較由他們自己的訪員或通信員報告的,價值便宜得多。

這些公司的領袖以及他們的助手,皆是很有經驗的新聞記者,並且其中有些人也許是做過論說記者。

第二十八章

熟板材料

(Plate Matter)

熟板材料(Plate matter or boiler plate)乃一個特別名稱,指一切不在報館排字房排好的材料而言,是大城市內的一種公司,已將這種材料排成鉛版,發賣於報館的。

這些公司所有各種材料,包含電報新聞論說小說,(插圖或有或無),以及其他的普通材料。他們也聘用編輯們和幾個訪員,但是他們所有的材料一部份是出於新聞紙或定期刊物。

這種材料是用排字機(Linotype)或製字機(Monotype)排好的,編輯成欄,再行製成鉛版。收買這種材料的報館有所謂特用台(Patent blocks),其上有適宜的底板,可以將收到的鉛板釘上。這個裝置很可以減輕用費。

這種材料的一部分,是製成紙板,但是

僅有幾家報館有製鉛版房，可以利用，小的週報有這種設備的極少。

熱版製造公司，所營業的有兩種：一是送出普通新聞或電報，每週有定價。或照篇數計算。一是送出一種初次鉛版稿，此却不是新聞。報館將合用的照欄數或頁數買下，普通係照張數計算。其價很廉，一頁三四元美金以上的很少。如將原板用畢退還，還可以有折扣。

成千百的鄉村報紙，均加入此種組織，出費若干，很可以减少支出，可以大節省其排印費。小城市日報上所登的，普通新聞及電報的全部中三分之一或一半，是由快信寄遞，並不用電報。熱板製造公司有新聞搜集部和處置部，將所得新聞每日製成鉛板，趁最快的車送出。

我現在舉一個例。現有一家一萬五千人口的城市上的晚報，並且離某大城市不遠。這個熱板製造公司搜集晨報發行後數句鐘內所發生的新聞，製成鉛板送至那幾家報館,使他們在司日午後就可以登載。

這些小報的大部分,都是一個報界公會的會員,可以接收新聞電報,但是利用這種熟板,比自己用電報傳遞新聞,自己排版。要省許多費用,而且全世界所發生的事件,都有登載的機會。

這個熟板公司又供給特別的及普通的論文,有些報館採用牠和報館自己所做所排的同時登出。

這些公司,又辦理「聯合公司」的材料,並且製成鉛版或紙板,送給多數的大報館。

這些熟板製造公司所聘用的編輯們和訪員們,受領尋常日報所付的薪水,但他們可以不一定擅長于著作或他種工作。但是熟板上的論說記者,却不在此例。

這種編輯,尋常都是校對人員,表顯其創作的機會很少。但是屬於這種公司的也有一個或數個新聞記者,受過良好的訓練能夠著作。所有職務上必要的特別論文或他種材料,即由他們担任。

關於新聞的搜集，這種公司，很難有機會給局外的著者；但是公司常出相當的代價，收買論文，小說，和專門材料。這種公司與在他章內所提及的聯合公司大致相同，不過這種公司兼辦電報和他種新聞，而所謂聯合公司，則專分配小說和論文。

第二十九章

聯合公司或新狄概特

The Syndicate

聯合公司,是一個最近的組織,自創始以來,爲日很少。該公司供給各種材料于各報館,其材料可以引起普通讀者興味。

聯合公司是收買一種原稿,或是已經印成專書,或是已經登載過某種雜誌。公司取得其發行權,可以轉賣至一種或數種的報紙。這種材料,是用鉛板印的,也有從原本製成許多初次印稿的。但是其中的多數,是製成鉛版,用熟板或紙版送出。

聯合公司,因爲收買某種材料的發行權,須與原著者以一項大宗報酬,或以該項所得進欵的十分之二,付給原著者。

初次印稿的小說或論文,由聯合公司分送至各處報館,但是一個城市,一個鄉村,或一個區域以內,止限定一家報館接受。

報館因爲在牠的銷行範圍以內,取得

獨家發行權,故須付給聯合公司以一種定期的代價。代價的數目,是與報館的大小和範圍的大小有關。

大概無論何家報館,用聯合公司的論文或小說,所支出的最大數目,照每章或每篇計算,沒有超過六百元的。最低的時候,或止須付一元。雖然報館所付代價極低,但在公司合算起來,還是一宗不小的欵項,公司的支出,不過是刷印初次稿的費用及發送的郵費,此外當然還有營業上的各項費用(Overhead cost)。若是製好熟板,則再增收一種代價。

事實上,尋常報紙所登載的,除了新聞和論文,其餘的一切的材料,連大部分特別論文。(但是有本地性質的特別論文須除外),都是由聯合公司供給的。

聯合公司的組織,對於著作家有利亦有害:有利的方面,是著作家的稿件,比專投一家報館時,報酬較多,有害的方面,是文學作品的需要,因此而減少。

事實上很容易明白，無論在何一家報館，就是營業很發達的，如用四五元美金可以買得相當的稿件，則絕不願向一個著作家，用一二百元收買的。

雖然如此，社會上倒很受利益，因爲比報館須自己付著作家報酬的時候，這一方面所借給的材料，較有價値些。

鄉村報館，雖也有時要直接付著作者以報酬，但除新聞以外，普通直接付的很少，鄉村報紙上的大部分材料，除了本埠新聞和論文以外，都是接受已經製好的鉛版，由公司分配的或者其中不僅由公司排好，且已印好。

鄉村報紙所登載雜品文字的大部分，包含烹調方法及普通報告，都是熟板材料，由編輯中的一人管理，或由館外員編輯，此館外員是照欄數計算。

報紙上所載滑稽文字的大部分，（插畫或有或無），也是由聯合公司供給，該公司聘用藝術家和著作家來編輯。據人說，一個滑稽藝術家,他的畫的報酬每年是二萬五千元美金左右,至於畫上的說明文字也有一定的分量。

但是大報館的幹部,尋常有一個或數個滑稽藝術家,以全部精神,爲該報服務。這些藝術家每年薪水是一千元至五千元美金,但是三千元是普通的薪水。他們所畫的本地風光,固然是由一家報館所獨用,但是他們的滑稽畫及他種作品的多數,是由這家報館分送其他報館,以輕經濟上的担負。

聯合公司的營業,(包含小說的事務在內)近來非常發達,已成一種商業。這種公司很少聘用常任訪員,因爲這種搜集的材料,大概是由常任報館編輯或特別稿件著作者兼任的。

這個問題,在「合作新聞」和「新聞分配公司」兩篇內也詳爲說明。

第三十章

"特權內版"或合作報紙

"Patent Insides"

(Cooperative Newspapers)

鄉村的週報，完全自已排版，自已印刷的很少。差不多這類週報中，百分之七十五，是用所謂"特權內版"的報紙材料，所以在新聞界中稱爲合作報紙。

這個特權內版的名稱，用之實有未當。因爲這種報紙的一面，尙有外埠的特約，但是並沒有特權。

這種合作報紙，是一部分在報館印刷的，外面或內面，已經由合作報紙發行人印好，留下空白的一面，給各該報自已搜集材料，排字印刷。

報紙合作的部分，有一段或數段小說，或是他種論說，雜作，家事指南，烹調方法，滑稽故事等，有時有國家的或各省的各種新聞。有時妥協的非政治的論說也印上去。

合作的材料，是供給各報館自己刷印時所需用的。這種報紙發行人所得的利益，普通是他們所發出材料反面的廣告費。因爲他們所得各報館的代價，止够紙張，編輯和印刷之用。

有這一種辦法，各報館可以使讀者有好報可看，並且比完全自己印刷的費用，非常減少；若是沒有這種合作的特色，有許多地方報紙，恐怕就難發行。

社會對於報紙，固然要求內容好，並且要求分量多，所以想營業發達的報紙，不得不有相當的頁數。

尋常的鄉村報紙，沒有充分的補助，若完全自己編輯發行，於經濟上實難担負。

合作的報紙發行人，不供給高等材料，一因尋常的讀者不需要高等材料，一因若用高等材料，費用將更增多。

合作報紙的發行總局，在各地設有分局，凡適用於某地的幾張，即由某分局發行。總局有一個小編輯部，但是並不聘用訪員。

這種編輯，所得的薪水，與在五萬至十萬人口的城市中報紙的編輯相等，他們工作時間的大部分，是用於剪裁和整理，因為報紙合作的部分，除了一篇新狄概特性質的長篇小說以外，其餘特別的材料很少。這些編輯，都曾在日報上練習過。

因為他們所用的材料，要有很廣的銷行，所以絕不可有政治的色彩，與尋常讀者的傾向相反，須極端的超然。其中的論說也須從共通方面着想，因各報讀者的趣味而加以增減，以期不至使採用的報館營業上有影響。

合作報紙發行人雇傭幾個廣告招攬員(Advertising Men or Solicitors)，他們的薪水，與尋常日報廣告招攬員所得的相同。

這個問題，在「熟版材料」一篇內，也曾說過。

第三十一章

新聞學校

(Schools of Journalism)

最近發生了許多學校,自稱能教授新聞事業的理論上及辦事上的知識。這些學校正在萌芽時期,效力如何,還沒有十分試驗過。

雖然,有一事很是明顯,就是最好的新聞學校,是報館自己,並且謀利的或實用的方法,能在教室內教授的很少,但也有可能的,就是若有一個好新聞學校,設備很完善,並且有富於報界經驗的新聞記者做教員,則對於有志做新聞記者的人,大概可以得到帮助。

報界中人的眼光,頗注意於這種學校。這種學校,究竟是有用或是無用,來日方長,可以漸漸證明的。

我不願贊成,也不願反對這種學校,因爲這種學校完全尙在試驗的時期以內,並且無論如何，目前不能正確無訛的指出其效力如何的可能性。總之不論成功與否，這種學校能得着報館實在的經驗，恐怕還須有幾年。

還有幾個函授新聞學校也成立了，他們自稱能教授新聞學。尋常的新聞學校，尚且在懷疑之中，我以爲我可以妄說，除了專門理論的或機械的方面以外，新聞學是不能通信教授的。

我不明白，一切新聞函授學校，怎樣由郵局才可以送出對於學生很有益的材料？若是這種學校，全靠學費來維持，在我看起來，以爲他們必須有許多的學生，並且教員人數不多，方可以獲利。我又覺得有一事很是明顯，就是學生若是非常的多，而學校又須圖經濟方面的發展，則學生必不能得教員充分的注意和辦事的知識。

我敢奉勸，讀者沒有進任何函授新聞學校或他種新聞學校以前，可先將各新聞學校的廣告，送給幾個有名的新聞記者看。

若是這些多數老練的新聞記者，贊成某一個新聞學校，那問的人可再加以切實的考量；但是我不情願問人，聽隨便某一個記者的指示，因爲說不定有人存了偏見，贊成某校，或者簡直與某校有關係。但是，若是三四個好記者，都贊成某校，則問的人很有可以相信的理由。若是學校成績好，就是校外的人也可以知道，並且其中有些畢業生是在報界辦事。做此輩領袖的總編輯和本埠編輯是身居公平判斷此事的位置。

我相信無論何人，若不與報館直接觸，一定不能於此道精通。我很覺得，若不從報館下級服務起，很難得報界辦事的知識，並且無從實習。

最近有一個新開的新聞學校，是由一筆很大的捐欵創辦的。並且我聽說，這個學校計劃使學生有實習的機會。我推測起來，這個學校將與幾個大的報館，直接聯絡，所以不是絕對的學校。對於此事，和對於其他各事一般，我敢再重複我所說過的話：若是疑惑,請你慢走;若是很疑惑,請你不要走。

第三十二章

小日報

(The Small Daily Newspapers)

在「鄉村報紙的機會」一章中,我最後曾說及,在鄉村的一萬七千餘種週報,辦報的人是怎樣。在這一章中,我要說在商業中心以外各地方報紙的情形。

這些報館的多數,事實上,也和大都會報館的辦法相同。不過內容分部較少,或是聯合數部為一部,並且辦事處用人亦不多、

前數年美國東部,一萬五千人以下的鎮市,發行本地日報的,比較的少數;但是現在東部各中心,都有一家或數家報館;有些小鎮,人口不滿五千以上的,也有日報了。

東部各鎮市內,以前所以沒有日報的原故有三種:一是這些鎮市的大多數與大城市接近,而大城市中的報紙已銷行於這些鎮市。二是東部富於守舊性。三是直到最近數年前,各地報紙大部分還須用手排鉛

字印刷,因爲那時候,沒有熟版新聞的便利。

熟版製造公司的成立,很減少發行的費用,使發行人辦報,比數年前,可以少支出而多收入。

小日報,最初發生於西部,勉強有二千人口的地方,已經可以促進這種小日報的發行,當時西部的城市,比較的散開,有許多鎭市的居民,接到大城市報紙的時候,消息已變成陳腐。西部的商人,的確比他部商人更進步,並且對於廣告有興味。就新聞事業說,若將人口比例起來,就是南部也勝過東部。

全美國尤其是西部及南部,有許多日報,可算是名義事業。他們能夠存在,並且所有編輯和訪員,不過三四人,居然能夠辦事,且很順利,使讀者滿意。這種報紙有很多的館外通信員。他們可以生活,和普通成功的大原因,由於本地的商人是進步的,愛登廣告的,並且因爲西部和南部的人民,比東部人民,對於報紙很肯花錢購買。

在南部和西部的報，大都是每份賣價六分，八分或十分，但是在東部小地方的日報，每份賣價不能超過二分。

各內地較好的報紙，每星期電報大約須費一百餘元美金，但是其中有些報紙，用通信社的電報，每星期僅付三十五元至四十元。

有才能的幹部訪員，止要二人，就可以包辦許多地方的新聞，並且一兩個編輯，儘能夠做關於採訪以外的一切事務。這種編輯也許是報館的主人，也許不是。

在五萬人口以上的報紙中的多數，是和大都會報紙的辦理方法相同；但是他們聘用的幹部人員比大的日報所聘用的人數較少。

有人說，若是令美國的新聞記者投票，舉其所認爲全國中，最完全辦理，最有新聞性質的報紙是誰，恐怕投票的大多數，是給東部地方，九萬人口城市中的某報紙。這報紙成立的時候，該地方的中心及四鄉的人口,將近五十萬。這報紙有國際間的聲名,並且除了幾個例外,比美國全國任何他種日報,還要被人稱道。這報館的房屋,是自己所有的,並且辦法,也與大都會的報館辦法相同,報館的執筆人員的材能上,比數十萬人口城市報館中人,還要優秀。據多數思想縝密的,富於判斷力的新聞家所說,這種報紙,才眞是新聞學的日用教科書。

各小報的編輯和訪員們,所得薪水幾何,這是很難說,因爲編輯的大多數,即是發行人或主人,或是投資方面與報館有關係的。普通的說,這種報紙所付的薪水,不論是否編輯或訪員,比大都會的報館,少給百分之二十五,或百分之二十以上。這些小報,對於有關係的各種辦事人員,沒有每年給三千元美金以上的。

這些小報中的多數,是晚間發行,因爲晚間比晨間的發行費用,少得許多。

這一種所謂小區域的日報,由一個編輯辦理,這個編輯,尋常是主人或是發行人,以外還有一個助手，這個助手做論文中的一部分，他的職務兼普通編輯和本埠編輯。他的指揮下面，有兩三個訪員，並且有許多的館外通信員。

在這一種小日報內辦事的人，普通比在大都會報紙上辦事的人，有更好的機會，研究新聞事業。他們活動範圍比較的大，與各種人物各種事業的關係，比那些好像在大都會的機器上一個單輪的人，要更密切。

這種小日報，有幾家非常能獲利，多數房屋是自己的，並且兼辦印刷所。他們當然要與大報紙競爭，因爲大都會報紙的大多數，其銷行範圍極廣；但是有一件事很明白，就是除了大報紙發行地以外的社會新聞，大報紙不能十分注意，所以有進步的小報紙，可以十分得着許多愛讀的人。

第三十三章
鄉村報紙的機會
(Country Newspaper Oppor-tunities)

若不兼辦印刷事業,恐怕比較的少數報紙——在小鎮市或小村莊發行的報紙,並且普通是週刊——能够存在,或能够收支相抵。

鄉村報紙編輯和發行人的大多數,不管自己的趨向如何,不可不是實際的印刷人;固然其中的多數,未必親自站在排字機前,未必親自照應印刷機。

若報紙並不在地方的中心發行,因而可以不設置許多部分,則發行人自己要做社論,並且對於報紙上所登載的一切文字,須負責任。

他並且以外,可以兼任監督或管理員。若是外出或有疾病,可以將此等事交給排字人中或印刷人中的某人,這種人可以不必稱爲管理人。

有幾千鄉村報紙,(包括所辦的印刷所在內),是編輯的和機械的兩方面,由編輯或發行人,和兩三個排字人,一個所謂印刷徒弟的少年等人共同辦理。排字人中的一人,是執行管理人的職務。

除了大的週報以外,都不聘用訪員,由編輯自己收羅或寫作一切材料。材料的大部分是投稿,或常任及臨時通信員所供給,這種訪員的報酬,每星期不過數元,且有爲名譽而純盡義務的。

編輯管理營業,有時候須管理賬目並且監督印刷事務。

有所謂「持權內版」和鉛版的幫助,四個人就能够編輯,排字,發行一種有價值的報紙,並且還兼辦印刷所。

鄉村報紙普通不必招攬廣告,地方上的廣告,自然有人送來,普通的廣告,是由廣告公司經手。

但是看起來,有件事很似無理由,就是

鄉村的發行人,因何不極力招攬地方上商人的廣告,以期加增進欵?

鄉村的編輯和發行人,所得的進欵,即生活的資料,其來源有三種:一是報紙的賣價。但是如不在大的中心地方,銷行數很不容易超過一千份,並且有許多狠發達的報紙,所印刷的分數,不過在五百左右。定報費每年在二元美金以上的很少,普通預收一元。如係規定不同,就也有先付一元半的。若除去因不繳報費而受的損失,似乎普通鄉村報紙的銷行,每年所得實在收入,不能超過八百元。

二是廣告方面的收入。這種廣告費中百分之七十五或七十五以上,是出於本地商人的,其餘百分之二十五,是由廣告公司經手,帶各地通行的廣告性質。廣告費每年由五百元美金起,多至三四千元。平均的收入,不能過一千五百元。固然也很有許多鄉村報紙,每年的廣告收入,有六千元至五千餘元的。

三是印刷所的進欵或利益。這項進欵，很不容易計算，因爲有些鄉村印刷所，是有很好的機會，可以接受很多的本地印刷品，並且分任其他城鎮印刷所的營業。

雖然有許多鄉村的編輯，每年可以有二千元至三千元美金，甚至五千元的收入，但是大多數的鄉村編輯，所得的進欵（或利益）每年不過一千元左右。

一家鄉村報館和印刷所，可以很經濟的辦理。多數報館，是用自己的房屋。如非自己所有，他們可用很低的租金，租得房屋的全部或一部。並且按年計算，租金比大城市實業家所租普通位置的辦公處，還要出得少。

排字人們的薪水也狠少。女子和小孩也常被雇傭，或者照每千愛姆（Ems）計算，比在城市中的價格較廉。

除了幾個例外，如來件本係印刷品以外，一切複雜的印件是由有薪水的人辦理。

許多鄉村的編輯，是在排字房裏面做

事,因此可以減少用費。

因為普通的鄉村報紙是用手排字,用製字機及排字機的很少,所以花費一千元美金,即可買一架很可用的印刷機;或是用二千元至三千元,買一架普通完備的印刷機。有幾家報館是用製字機或排字機,約費三四千元,並且有時候可以分期付款。這種機器的銷路,進步極快。

大多數的鄉村記者,是普通學校的畢業生,固然也有些是大學畢業的。他們若想成功,須有狠好的文學訓練,及少許營業的智識。他們的利益,固然與進步和事業有關,但也要能節儉。

若鄉村報紙,並非在很小鎮市上,或是並無劇烈的同業競爭,或者並不空費心思、想辦讀者所不能維持的好報紙,則少有陷於失敗的。

雖然鄉村記者的進款少,但是在支出上是很寬裕,並且比百分之九十九的城市記者也比較的好。若是鄉村的記者是切實的辦事人，並且有尋常應有的能力，則他的生活狠容易支持，並且他可以毋需夜間工作，毋需過勞，就可以得着很安穩的生活。若是他是相當的人物，人就以他們社會中的名人或名人中的一人看待。他不但在當地可以有一所住宅，並且有很大的聲名。他常常是他們鎮市中最有名的，最受尊敬的人。

我抱這個意見，並且我以此奉勸，因爲我對于新聞方面，是從排字盒到編輯椅，都曾經驗過，並且洗過油墨棍，照應過印刷機，城市鄉村，都曾做過。據我所有的經驗，是普通鄉村的記者，似可以比城市的能多儲蓄金錢，並且得報酬較爲容易，不像都會的記者，須在都會新聞界的激烈競爭喧嘩之中，大受困難。

若是鄉村的記者有才幹，則和城市的記者比較起來，有一百倍的機會，可以被選爲一鎮一省或國家的職員。

鄉村的記者，不必多用力，就可以在社會的及政治的兩方面都很出色。他若是熟悉他的營業,他的收入一定是很安穩。他可以算是小範圍內的管理人,並且在這小範圍內,他是至尊無上。

我敢用決然的態度奉勸,有志做新聞記者的人,若是他住在鄉村,他可以不必外出。我敢更進一步,勸城市的記者中的十分之九,去收買鄉村報紙。

有才幹有信用的新聞記者,若是不缺乏營業的本性,就可以收買一種鄉村報紙,第一回付欵甚少,不過一千元美金,甚至比此更少。若是他善於經營,則他每年可以得一千元至三千元的進欵。並且因爲鄉村日用所需,比住在城市中,是非常便宜,所以他的生活是比較的舒適。並且比在城市中有一倍收入的人,還容易儲蓄。

因爲美國有二萬鄉村報紙,並且因爲有許多機會可以促進新鄉村報紙的創辦所以尋覓空缺,也不是很難。

報紙的發行人,與他種人相同,死亡或退隱的時候,他們的所有物必須賣去,此種報紙賣出的時候,完全要現欵的很少,所以若是有聲名,有一點能力,和很少的金錢,就儘够收買一家可以獲利的鄉村報紙。

要收買鄉村報紙的人,應該細加選擇,若是一家報館僅僅可以自給,但是該報在一個可發達的城市內,則就可以進行。目前實在的價値和未來的前途,都是很要注意的。

若是這個新主人于營業上狠肯研究,並且有才幹,又能節儉四五年,他就能够由報紙所得的利益,償淸他的債務。

鄉村的記者,是世上最獨立的人。他的生活收入是很可靠的。雖然他的事務可以限制他,他却無過勞的必要。

鄉村記者的財產,若是善爲管理,一定有增加的希望。雖然他難以儲蓄鉅欵,或是有非常的收入,但是止要他想到,他就能够從他的營業上得着一切的必需品,和奢侈品中的幾種。

鄉村記者的住宅可以靠近報館,或者

簡直與報館爲鄰。城市的記者,往返報館及住宅之間,每日須消費一點至兩點鐘,鄉村的記者,則無此種必要。他的夜工很少,或是完全無夜工。他不必成爲一個顯赫的人。若是他能耐勞苦。有恒心,謹愼,節儉,並且善於作爲,則事實上他可享受人生中所值得有的一切快樂,可以得着本地的高等位置,可以比城市的記者,多活幾年。

鄉村記者的全部財產(住宅在內),平均雖不能在三四千元美金以上,但是他的經濟方面,反是比城市的記者百分之九十五,實際寬裕,並且我可以說,比城市中實業家百分之九十也好些。

雖然鄉村的記者或發行人,與他的事務要十分接近,但不一定受其束縛。他的工作雖是有點呆板,但不十分費力。他有時得着機會走入政界,實行其博愛之主張,或成一個教育家,並且從書籍或他種文學的著作方面,可以得着名譽和特別進欵。

極多鄉村的記者,用他的報紙和印刷

所爲謀生的基礎，並且兼任他種職務。所謂他種職務，若非於鄉村新聞界有根據，那就無從担任。

美國極有名的文學家，多數是在鄉村報紙的編輯位置得着人生的初步，和對於辦事的經驗。美國名人中的多數，有些政治家也在內，都是鄉村報館的畢業生，且從來未與城市新聞事業和他種營業，發生何種關係。

事業最初從低處着手，由下向上，層層階級，一一經過的法則，對於無論何種職業，都可以適用，尤以對於新聞事業爲最。我們的海上艦隊，佩了金徽章的司令人們中，其大多數所以能得着司令權，因爲他們處處與緊急和危險接觸，在當帆船船長的時候，已將風象，水勢，潮汐，河口的沙洲，海裏的暗礁，以及海岸線等等學習完畢，這種經驗，使他們可以自由指揮大的輪船，所載水手和旅客的數目，與一個小鎭市的人口相等。

差不多凡是受過普通教育的人，都能

够編輯一種鄉村報紙。但是若不愛這種事業，我就不敢贊成他做新聞記者，因爲新聞事業，不僅需要勤勞，却是對於這事業的愛，又自然發育欲進此界的熱度，也是不可少的。

愛鄉村新聞事業的人，可以最低的小心，從該事業上，得着最大的快樂。

所以我願奉勸有志新聞事業的人，不要一心一意，止想在高可接天的城市新聞事業中活動，若是他肯留在鄉村，就是他的印刷機要用手搖，辦事處緊靠鉛字箱和墨水桶，但是健康和幸福，决不至與他分離。

這些眼部充血，蒼白的或黃白的面孔，在城市新聞界中奮鬭的勞苦人們之前，我願取得鄉村報館很平常的生活狀態。城市新聞界中人，很像是永遠生活於都會中紀功碑的底下。至於他們所希望的名譽地點，是可望而不可即。若要安穩而無危險的成功，恐怕大多數是在夢中。

第三十四章

謄稿或原稿

(Manuscript or Copy)

社論,新聞和其他關於新聞的材料,最好寫在大小有一定準標的紙上。所謂標準是八英寸半寬和十一英寸長。這個尺寸於打字機及手工上最爲便利,並且最經濟,因爲事實上一切寫字的紙原來是十七英寸寬和二十二英寸長,每張紙可以裁成四張謄寫紙。

最適用的,是尋常的崩德紙,(Ordinary Bond)其價很廉,以十六磅重的厚薄爲最佳。每磅美金七分,五百張是一元一角二分,以外再加上一角或一角五分的裁紙費。這五百張,便可以裁成二千張的謄寫紙。

崩德紙是粗硬而堅韌,在打字機上也不容易破裂。沒有他種紙可以在經濟和實用上如此合宜。若是用鉛筆寫的,那就尋常的報紙也未嘗不可,但是尋常的報紙,在打字機上是一定要破裂的。

淡黃色，淡橙色，淡褐色，淡灰色或淡青色的紙，都比白色的好，因為比較的不抵觸目力。

不論是不是用鋼筆寫，用鉛筆寫，或用打字機打，一切的新聞稿子，各行間宜多留空白。若是用打字機打，至少各行間須留兩行空白，留三行則更好。並且有些報紙是留四行空白的。所以要多留空白，因為可以使編輯人和排字人，便于閱看。並且有地方可以預備增減或修改。單行空白，是絕對不可。

新聞稿絕對不可刮補，對于鋼筆寫鉛筆寫和打字機打的皆是如此。若不極費力，刮補是不容易好，並且很費時間。一切不要用的字，著者應用筆在稿上塗去，如係用打字機打的可用"X' S。"著者除非萬不得已，不可在兩字中間增寫，因為與其增寫，不如塗去一段，重行接寫下去，否則增寫的字或文句，很使編輯人和排字人感着困難的。稿子止要清楚，容易認識便好，至于稿子的外觀是隨便怎樣都不要緊。

每張稿子都宜在紙的右面上角上,寫明第幾頁。若是偶然少寫了一頁,可以不必將已寫的各頁,重行寫過,止要在少寫一頁的前一頁上,寫「缺第幾頁」,若是稿已寫好,要增進頁數的時候,則各頁也不必重行寫過,止在加入的這一頁的右面上角上寫其前一頁的號碼,再加一「B」字,其前一頁的號碼後,添寫一「A」字,若不寫進「A」字,則「B」頁偶然失去,即無從知道,止覺得文意不聯貫。若是增進一頁以上,則插入的第二頁上可寫一「C」字,其餘類推。在插入的最後一頁的上部,應寫"次頁(順下來的頁數號碼)。"如此可以表明稿子頁數的關係,不至於混雜不清。

若是稿子寫得很草率,須用節號(Paragraph marks)的時候,宜加進節號。否則排字人,甚至將應分節的而不另行分節。

此外若是手寫的稿子,在點進逗點(Periods)的句尾,宜繞逗點寫一個圓圈,使與他種圈點有分別,這也是一個好方法。若是稿子寫好以後,想將某幾個字的第一字母改用大寫,可在該字下,畫三條線做記號,若字下畫一條線,是表示該字須用斜體(Italics)。若字下畫兩條線,是表示該字要用小的大寫字。

對于固有名稱(Proper names)和專門用語(technical terms),最要留意。若是不用打字機打,則手寫終不如鉛印好。

第三十五章

打字機稿

(Typewritten Copy)

實際上，不是用打字機打的稿子，大報館不肯受。訪員和編輯都有打字機，他們所寫的文字，皆自已用打字機打出，或是雇人代打。他們所用稿紙的大小，也有一定的標準。並且稿子的各行間，最少各留兩行空白有時是三行或四行。

稿子所以要用打字機的，是因爲比較的易於閱看，並且因爲排字機 (Linotype) 的用法，是整行的鑄字，不是一字一字的鑄。若是稿子不是打字機打的，又未細加整理，則排字機的排字人，工作必感着困難，並且排成以後，必有極多的錯誤；於材料和間時上，是很不經濟的。

至於週報，雖也有用打字機寫稿子的，但是可以不限定如此。

訪員和編輯必須善用打字機。拼音法

和點讀法的知識，以前似乎不要緊，但是現在很注重

錯誤雖有校正主筆，或其他主筆改正，但是稿子不可不清楚。

薪水多的主筆們，常常一面口中念稿，一面令速記人用打字機打出；但是大多數的主筆們和訪員們不得不自己打字，並且其中的多數不能够念稿令人寫。

第三十六章

活　字

(About Type)

在基督紀元1452年,德國顧騰伯(Gutenberg)發明活動鉛字及鑄造鉛字法以前,所有很少的書籍,不是用手寫,就是由極粗的木板上雕刻印出的。

顧氏因此博得進步的開山始祖中之一人的榮譽。若無他的發明,文明的進步,恐怕不能有這般快。

鉛字和印刷術,是對於各種技術中的創造性技術,有極大貢獻的。若是沒有印刷術,則各民族也許是依然分離,沒有互相交通的方法;並且說不定,學者缺乏傳布他們學問的機會。

印刷機器的產生,對於文明的貢獻,比任何發明,還要偉大。

金屬的活字,是用機器,由模型鑄成一粒一粒的,活字的‥端是現出字面。

排活字的方法,是將活字次第放入一個排字盒(A composing stick),盒裏裝滿,即移入一個活字盤(The live galley)。併合成版後,再移入印刷機上之大鋼鐵框內(A steelchase) 而事畢。

英文金屬活字的大小,普通分爲二十八種。

完全無缺的活字樣本中,字體在五千種以上,若將活字照面上的印文分起類來,大約不外三種:一羅馬體(Roman type)二肥體(Full face type);三裝飾體(Ornamental type)。

(註)我國字數繁多,常用的已在四千左右。所以要製一付字模,在經濟上是很不容易。現在報館中所通用的,是宋體一號,二號,三號,四號,五號,和六號各種字模,近來新製的,又有新二號,新五號。比舊製的略小些。將來因爲事業上的需要,一天一天的增加起來,也說不定。不過要像外國文字模,多至數千種,那是絕不可能的。現將我國極通用的字模,列表如下。

一　民主國家新聞係政府之一部北巖

二　新聞當以謀人民之福利爲第一要件——威廉

三　通信社性質只宜客觀的報告事實不宜主觀的加以評判——瓊司

四　新聞家決非原告被告亦非審判官惟就每日所發生之事實爲忠實之報告而已——諾彝斯

五　中國政治新聞太多而特別採集之商業新聞過少論說過多而有特色之新聞過少——斯密司

六　新聞記者須重視本業——麥高森

我現在還要贅幾句話，我們就字模種數上看，可以斷言我國教育之所以不普及，文化之所以無進步,文字的複雜繁難,却是一種大障碍。注音字母的創成,實在可以矯正此弊。可惜現在的注音字母,無人在實際上用——就是製造注音字母的人,也不用注音字母——中國教育的,文化的前途,不是很可歎息嗎?

第三十七章

排字機器

(Typesetting Machines,-The Linotype and Monotype.)

大日報和多數書籍文件的印刷,都不用手排字,却用排字機器,——製字機,和排字機。

排字機,普通多爲報館所用。此機有似打字機上的鍵盤。排字人若按某鍵,即有一個黃銅的活字模型跳出,落入一個接受機器裏去。一行的字,一粒一粒的排全以後,排字人再按一根鐵杆似的機件,這一行便完全鑄成鉛字。其餘的各行,也都是同樣的排法。所有用過的活字模型,依然自動的可以再用。

製字機的用法,與排字機大致無異。其結果却不相同,即所排成的一行,各字獨立,可以分離自由。

用這兩種機器排字,速度都是很大。

第三十八章

印刷機器

(The Printing Press)

專用於印刷(不用於雕刻)的印刷機器大致可分爲三種:

一,尋常雜件印刷機(The ordinary job press)是用脚或電力轉動,印刷名片,傳單,和他種小的印刷物用之。加入墨汁,須用手旋轉。

二,圓柱印刷機(The cylinder press),普通用電力轉動,但也有用手的。書籍,目錄,小文件,和銷數不多的報紙,都用此機印刷。墨汁用完時,須用手加入。

三,完美印刷機,這是最近的發明,專爲印刷大報紙之用。但是雜誌和書籍也有用此機的。不過大多數的書籍,是用圓柱印刷機印刷,因爲可以印得比較的好。在完美印刷機上不用尋常的活字版,所有材料,須澆成圓柱式的鉛版。許多圓柱式的鉛版互相迴轉,流動不息。紙張離開印刷機的時候,已經自然裁好，並且常常自然折好。

雜件印刷機，如係用手轉動，其速度每點鐘由一千次至二千次。據我所知，用手轉動的速度，不能超過二千次。至於平均的速度，尋常工作，每點鐘不過一千二百次。

圓柱印刷機，尋常也是用手轉動，其速度每點鐘一千次至二千次，最高速度不能超過一千五百次。

圓柱印刷機，能將所印成的紙張，自然放在一方平板上。雜件印刷機，不僅須用手將紙張放進去，且須用手取出來。

最大的完美印刷機，每點鐘可印成八頁的報紙三十萬張，並且數好折好，但是這種機器每點鐘尋常的速度，不超過二十五萬張。

普通的完美印刷機，每點鐘可印成十二頁的報紙七萬二千張，能自然送出來，並且數好。他種印刷機，——用於書籍印刷的——每點鐘可印成二萬五千頁至五萬頁，紙的兩面，都已印好。

舊弗蘭克林式的印刷機，現在還有幾家報館用。這種機器的構造，與專印刷文字於收信簿的印刷機相同，用手轉動。至于墨汁也是用手加入。兩個印刷人，每點鐘可印刷三四百頁（但止印刷一面）。

大多數的鄉村報紙是用圓柱印刷機。

第三十九章

報紙的發行部或營業部
(ThePublishing or Business Department of a Newspaper)

雖然這本書，原爲這些人——現在想做新聞記者，或新聞著作家，並且比較於通信及編輯方面興味多，而對於營業方面興味少的人——而作，但是我相信，多少指示一點報紙的營業方面的情形，也是有益的。

雖然報紙是文明事業重要代表中的一份子，並且可算是進步的前驅，但是從現在說，若是報紙並非由捐欵創辦，關於經濟的維持上，不加以充分的注意，是很難存在的。有一件事或是可能的——就是不必在多年以後，將有兩三家，也許是五六家報紙，完全的或部分的仰賴捐欵維持，不必另謀收入。但是這種報紙，依然是一個未來的夢。若是萬一用個人的捐欵創辦報紙，也不一定比現在商業化的報紙，有什麼進步，因爲這個捐欵的人，也許和現在一部分的報館經濟方面的主人一樣的不公平，一樣的非新聞紙性質的。並且最後，說不定比現在以營業爲主體的報紙，還要偏袒，更加不可信託。因爲報紙不可無金錢而發行，是很容易明白的，並且如不注意營業方面，報紙就不能得其所需要的收入，所以報紙經濟方面的主人，不可不對于報紙的進行負責任，並且不可不管理編輯部和通信部。不過從美國大新聞記者中的多數人所得社會信用上觀，可以說，報界中的大多數人，止要在周圍情形允許的程度以內，他們是公平的，精神甚高尙的和愛國的；並且可以說，若是新聞記者和社會改造家，交換他們的位置，恐怕現在多數新聞記者所做的事，正是改造家的多數所要做的。現在確是環境不良，不一定是個人不善。固然編輯人要改良環境，讀者也不可不如此着想，到了讀者的人數，足以維持一種理想報紙，說不定那時候有很多人去編輯這種報紙。不純正的報紙也是公衆需要的結果。須知止要社會上需要某事,不管是好是壞,世間自有好人壞人去做。

近代的報紙,不得不成一個營業性質的事業,正如縫工製衣和農夫種稻都是要賣出的,

報紙收入的來源有二種:一是從銷行數上所得的利益。雖然賣出報紙的金錢很不少,但是在全美國——簡直是在全世界——可以說,從銷行數上所得金錢而存在的報紙是沒有。(除了一兩家報紙),許多報紙的紙張買價和賣價相等,或是較多。事實既然如此,所以報紙不可不從廣告上取得充分的收入,以供給機械方面的工作,甚至白紙廢去的一部分也在內,此外還要支出編輯和通信人員的多數薪水,以及電報和他種新聞的代價。

所以幾千家的報紙,都不能如編輯人和所有人的希望,單獨登載新聞。因此不得不採取另一方針,減少新聞或他種材料。若

是報紙可以無需招攬廣告以維持一個相當的銷數,則有些材料,應該登出的必可登出。

大報紙每日可從廣告上取得幾千元。某一家紐約報紙,每日每頁可收入廣告費一千二百元美金。有些報紙,因爲加進廣告一單頁,一次收費五百元或五百元以上。

照現在的情形,頗需要有最高級的管理——就是發展營業的技能,這種技能是與他種公司或營業性質團體的利益維持上同樣要緊的。

大的報紙,尋常是爲一個股分公司所有,公司的總理,隨時規定該報的方針,並且任命職員,間接的管理一切。尤以營業部爲最。

主要的職員稱爲發行人,發行人也許是也許不是大股東,但是普通必有一半以上的股份,或管理一半以上的股份。他因爲所有權的關係,直接管理各部和一切職員,就是編輯也歸他指揮。

若是發行人不是所有人,則發行人的薪水,比該報館中任何人員要大,普通是一萬元美金一年,多至二萬五千元。

發行人的管理之下,分爲若干部,每部又有一個部長管理。

若是主人不親自兼任營業部長,那就不可不有營業部長一職。營業部長是執行的職員,止對于發行人或所有人負責任。

次于營業部最要緊的是廣告部,此部由一個能幹的廣告員管理。此廣告員在管理其部下的廣告招攬員以外,自己多少也能招攬一點廣告。他的薪水每年三千元美金至一萬五千元。

他的職務很要努力,方可使廣告收入增加。廣告雖然在報紙方面,可以當着貨物看,等買主來購買,但是廣告的大部分,還是由直接招攬而來。廣告招攬員,每年薪水由一千元至五千元美金,並且其中有數人的薪水是一萬元以上。這些廣告員的一部分,有些是在本地,有些是在全國各地活動多數的大報紙，從所謂代辦廣告公司，接受所謂館外廣告(Foreign or outside advertisivg)。這種公司是在大城市內，雇傭許多廣告員。爲許多的報紙招攬廣告而從中取得薪水或代辦費。若是領一定的薪水，則公司每年從有關係的各報館，取報酬一千元美金，多至一萬元。

報紙之發行的或營業的管理上，所需要的能力的程度，與一切他種營業獲利的能力相同。但是營業部長，若是對于普通營業及報紙兩方面有同等的經驗，那必格外有作爲，因爲報報的事務雖是純潔而簡單但是對于報紙情形的充分知識是成功所必需的。這個條件，對于廣告招攬員亦然，因爲一，廣告招攬員，不可不熟悉商情；二，他們不可不知道報紙上的需要品，因爲招攬廣告與尋常做生意，雖然無異，但是普通招攬廣告的人，其性質與尋常出賣貨物人的性質，多少究有不同。

報紙的印刷房和排字房由監督或管

理員管理。這種人員，每年薪水一千至三四千元美金。他不可不是一個勤懇的辦事員，並且要有機械方面的知識；至于營業方面的知識，却不是必要。

販賣部也是非常重要的部分，由一個領袖指揮，薪水每年三千元至五千元美金，他是事實上的賣報人，所以不可不與營業，編輯和通信等部連絡。他與編輯和訪員一般，須注意社會的趨向。他的位置，有點像指揮編輯的。

報紙與他種事業不同，因爲一種報紙的出版，須經過營業，編輯和印刷等部，各部雖各自獨立，但必須通力合作，以求有利的團結。

高級的編輯和訪員，普通不適宜于營業部的位置，但是有時候，也有人既當編輯，又當營業部長。不過這些人大部分的精神，是專用于營業的管理上，或專在編輯方面，因爲一個人是不能將兩件事做得同樣好的。

編輯和訪員，不一定要熟悉報紙的營業方面，發行人或營業部長，却不可不多少知道論說作法和新聞搜集法，固然他不必十分精通。他最好是一個多能的人，能知道所製造的貨物是怎樣賣出，又知道一點所賣出的貨物，是怎樣製造。

小報紙的發行或營業的管理上，與大報紙相同，不過是用人和分部較少，但是除了週刊以外的一切定期刊物，（報紙在內），都知道有雇用廣告招攬員的必要。有許多時候，發行人，編輯人，或是所有人，對於論說和新聞固然要負責，在營業方面也要辦事。

第四十章

眼前無變化

(No Change in Sight)

對於我要討論的事項,不可以先舉一個實例,以當引導嗎?

我有一個青年友人,記得是一個大城市報紙中最有作爲的人員。他是從最低處起身,其能力爲人所能看出。他做社論或第一頁的論說。他的文筆極暢達,且有一種異常的才力,能將事實用最動人,最明白的文字表現出來。他不是感情家,是有異常的文學天才,且曾著了一本極有眞聲價的書籍。

他是一個理想的通信家,有種種合於這方面最大成功的必要資格。他在一家極獲利的報館服務,曾做過通信部的部長。該報在牠的地方上,銷數最多。這個結果,是由於本埠重要新聞的處置得當,是不必疑惑的。

因爲這個青年,是管理該報上的本埠

重要新聞,和最可以引起讀者興趣的一切材料,所以可以說該報之所以如此流行,於他也很有名譽。然而他雖如此有才幹,而他所得的薪水則極少。不但不及能幹掮客的書記薪水的一半,並且不及營業部或編輯部有關係的人員薪水的一半。

我不是輕視管理該報各部分人員的生利和招徠生意的能力。我很曉得,有許多時候,經營人對於報紙成功的關係,比在管理之下,專從事於製造成功材料的人員更要緊。營業主義正在支配我們大部分的事業,若有一種人能像下棋的一般支配人員,進退如意,像這種人所得的報酬,自然應該比較的好。

社會上的情形,雖然事實如此,然而我覺得利益分配得太不平均。

我雖不提議,說是這個訪員,或是任何對於報紙通信方面有功的人,應該與管理方面的人員,得同樣的報酬,但是我覺得今日情形很可歎息.這種情形,在今日也許說是不得已，然而報館中若是沒有編輯和訪員等人員，無論如何營業得法，也未必有效果，但是給他們的報酬却這般少。

雖然資本的罪惡，眞是可畏，並且有些勞動領袖和勞動人的行爲，也很無道理，但是我却不預備在此書中之任何章內，議論資本和勞動問題。實則兩方面都有過失；但是國民的同情心，絲毫無疑，是傾向工作的人，就是不管這些工作的人是用筆還是用勵，止要他們是不能得其所應得的報酬的人。

退一步說，即如那個訪員——我的朋友，和他有同樣才幹的人，也容易覔得，而欲尋高等營業部員和部長，反覺得很難。不過事實上能幹的訪員和編輯，以及做實地工作的人員，終是有的。即如市場上不論何處，都充滿了能幹的辦事員。所以不能够尋覔代替的人是比較的少。

若是那一家報館裏，這個訪員出來，由一個止有他一半才能的人代替，也未必起銷行數上的實在影響,就是營業部的任何人員偶然去職,報紙也是可以辦下去,這都是很明白的。

不可缺少的人,世上很少,我覺着世上不曾有過不可缺少的人,並且永遠不至有不可缺少的人。

若想除去此病,我以爲止有增高社會的道德,灌輸人人以比較公平的觀念,除此以外,更無別法。

但此不是一天所能做到的,所以不能希望尋常的改造家,來負這種責任,因爲他們止想用一種改造法,或用一種收速效的辦法來改造世界。我們雖自己有可誇耀的文化,教育和文明的薰陶,但是我們還是不曾眞開化。我們遠不能如醫生處置疹子一般的周到置處人事。醫生對于疹子,不僅塗軟膏逼其消滅,且用藥水洗去該部起疹子的病原。

我所以記述此事,因爲我想指示有志做新聞記者的人,所以不但將新聞事業的光明表出,且同時表出這種事業的陰影。若是有志做新聞記者的人,並無異常的能力,或者並非熟悉編輯方面或營業方面的事務,就是他的工作,對於報紙的成功,與各部領袖的工作,有同樣的重要,也止能夠希望一個很平常的收入。對於眼前的如此情形,止好認爲當然,盡我們能力所應當做的,去幫助現在的人,使得後來的人容易抵抗罪惡和種種自相矛盾的事實。

我現在不欲分析那些,和做實在工作的能力比較,對於營業成功上,更有作用的各種能力。因爲做實在工作的能力,若是沒有,即不能生利而結果亦歸於無。有些人自然有營業上的才能,與此性質相反的人們,却完全缺少這種能力。從一方面講起來,許多高等著作家,雖然能夠做出好文章,可以流傳不朽,而對於營業事務,却絕對的沒有研究,並且沒有用他們著作爲營業,銷售他們著作的人,他們說不定會餓死。

在今日謀利主義的世界,人和物都在

一個不平等的中間,殘酷的甚至罪惡的規則之下,被買賣於市場上;這個規則,正在操縱一切市價,管理市上的需要和供給。

現在像那個訪員,——我的友人肯領很少的薪水而工作,與有才能的人,很容易覓得,可以代替,並且習慣上對於營業方面的人的報酬比較的多,在如此情形之中,有志做新聞記者的人,不可不預先覺悟,這種折扣,自己要能節制住自己。

謀利主義,——以及我們所做的一切謀利的事情,都與謀利主義相混雜,——在今日人生的競爭上,是占了勝着。

等候着!正義雖然今日不可得,但是最後將有很堂皇的凱旋

第四十一章

術語(新聞界用語)

(Technical or Newspaper Terms)

下列的新聞家和印刷人所用的專門語,或者於讀者有益。我止記出尋常通用的。

Ad. or adv 廣告

Advertising agent 廣告經理人:這種人向報紙或雜誌買得廣告權,以所占的地位,分售於登廣告的人。

Bad copy 惡寫稿:不容易讀的,不容易排字的稿子。

Bimonthly 二月刊:每兩月發行一次的出版物。

Biweekly 二週刊:每兩星期發行一次的出版物。

Caps =Capital letters 大寫字

Caption 標題:一個說明的題目,或在文前,或在文後。

Case 活字箱

Circulation 銷數。

Composition or Composing 排字:將活字排成行列的方法。

Copy 稿子:印刷人對於原稿的稱呼。

d. =Daily 日報

Footnote 脚註:每頁最下部的文字,普通用小鉛字排的,並且前面放一個引用號(A reference mark),與本文中的某句有關係

m. = Monthly 月報

Matrix 模型:活字的,或他種鑄造物的模子,

Ms. = Manucript 手寫的稿子。

s. w. = Semiweekly 半週刊。

(注)我國報紙的發達,還是近幾年的事。以前所用的名詞和術語,有許多是仿自日本。現在姑且將我們所常用的寫出,以備一格。不能說是完全無缺,更不能說是到處相同。

週刊 (1)每一週出版一次而不單獨發行的。如教育世界,圖畫時報,汽車週刊

等皆是。(2)每七日發行之獨立報紙。亦稱爲週報。如國聞週報是。

增刊　因特種問題而臨時發行的,故亦稱爲特刊。如雙十節增刊,新年增刊,平民教育特刊等是。

號外　遇着重大事件,在未出報以前就要宣布,儘新聞的多少用小紙張印刷的。因爲不列發行號數,所以稱爲號外。如武昌起義,日本大地震等,均有發行號外的必要。

第一張　大報館每日發行報紙三張至四張。有一張是載社論,緊要的國內外電報和通信的,普通稱爲第一張。

第一張主筆　同上的主要編輯人。

第二張　這張大概是載本國各省的通信。

第二張主筆　同上的主要編輯人。

第三張　大部分是本地的新聞。

第三張主筆　同上的主要編輯人。

訪事　上海有稱報館訪員爲訪事的。

代派　販賣報紙的商人;因爲代報館

分派報紙，所以稱爲代派。亦有稱爲分銷的。

掮客　介紹廣告而取佣金的人。

樣子　新聞或他種材料，由排字人排好，印成樣張，以待校對員校正的，稱爲樣子。

毛坯　排字人對於初排出樣子的稱呼。

小樣　一部份的樣子。

大樣　已組成的全版的樣子。

清樣　已校正無訛即可付印而發行的樣子。

初校　就毛坯校過一次的。

二校　就初校改正的樣子再校過的。

三校　就二校改正的樣子再看一遍的。

空鉛　排空白的鉛字。

刻坯　沒有字的鉛字，預備刻一種不常見的字用的。

對開　一個鉛字的二分之一。

三開　一個鉛字的三分之一。

脫班　報紙因發稿，排版，或印刷上發

生障礙,以致不能於第一班火車或輪船運往外埠稱爲脫班。

更正　報紙上所登載的新聞,並非確實,有關係的人,可要求報館更正。此種更正,看事件的大小,有登在新聞欄的,也有登在廣告欄的。

小報　凡性質近於游戲,專以娛樂爲目的,每日或數日發行一小張(一張報紙的四分之一)的報紙,稱爲小報。如上海各游戲場所發行的日報和銷行頗廣的晶報和福爾摩斯等是。

第四十二章

校　　正

(Proof-Reading)

各種報紙,除在小鎮市發行的以外,都聘用校正員 (Proof-readers) 一人或數人,每一個校正員,必有一個助手,這個助手即所謂執稿員 (Copy-holders)。

校正員和執稿員,交換閱讀原稿及校正稿,但是錯誤,是由校正員改正。

多數校正員,曾受過高深的教育,並且負責任較重的校正員們,大概是大學畢業生。若能長於文字,並且於斷句法,拼音法,成句法,非常精通,則大學教育,就不是必需。

高等校正員,是不止一個尋常文學家。他有特別的才力,不但能尋出拼音和斷句的錯誤,且能指出事實上的錯誤。

有人說,世上很少沒有錯字的書籍,雜誌和報紙。我有一個朋友,是某大字典編輯員之一;他說那一册字典中的錯誤,正與其頁數相等,——拼音的,斷句的,定名的。成句法的種種錯誤。

所以校正員的業務,不止是校正拼音法的,斷句法的,文法的錯誤,且要能夠指出文中前後的矛盾和誤說 (Iuconsistencies and misstatements)。這種矛盾和誤說,他不必改正,只在前面寫一個疑問號(A question mark)。

幹練的校正員,每星期可得薪水十五元至十八元美金。若是做專門的事或很繁難的事,則薪水更高。

雖然新聞作者,再校正自己稿子的很少,但是也要知道校正的原理,才可以在稿上用標點用得適當。

(注)我國報館,對於校對人員,不甚重視。所以魯魚亥豕的弊病,非常之多。有些編輯們為慎重起見,遇有要緊的稿件,必須自己復校一次,且有始終完全由自己校的。不過校自己稿件的時候,因為自己看過的緣故,常常反不能將錯誤尋出。譬如大意看過了一處錯字,往往就是再看一次,仍是大意

的將同地錯字看過。所以最好交與同事們去校,而自己換校同事們所看過的稿件。

改正錯誤,普通用紅墨水,因爲紅墨水所到着的地方,原底依然看得清楚,使排字人便於尋覓。

從前報紙上除了詩文以外,分段分句,不甚注意,且有並圈點都不用的。近來新式標點符號,報紙上也逐漸採用。以後校對人員,不但要校正字的錯誤,標點符號的用法也要知道。

附　錄

千歲一時圖

時報主筆王一之先生與其夫人時報駐歐通信員李昭實女士於去夏浮海歸來公振假功德林爲之洗塵時報新舊主人狄楚青黃伯惠二先生寶記主人歐陽慧眞女士等均惠然肯來宴罷承時報印刷部長唐鏡元先生攝此一影以留紀念誠千歲一時之嘉會也　戈公振識

本書編者狄楚青先生　王一之先生　黃伯惠先生
李昭實女士　陳菲碧女士　歐陽慧眞女士　唐鏡元夫人

時報新置之套色印報機

此機為德國福美（Vomag）廠所製每小時可印二大頁報紙七萬八千份同時可套印紅黃藍三種原色或其他顏色機中各處均有空間工人可入內視察開關快慢均用電力油墨輸入亦然可以濃淡隨意紙之卷筒有橡皮牽引雖速度甚高而無斷碎之虞膠棍可自由分合不須取出每架時值十一萬餘元

世界報紙的三大趨勢

(戈公振在上海記者公會講)

我很高興,兩年後,又和諸位在一起,在過去的兩年間,我覺得我們報界有不少的新進步,我們會裏的會員,增加了這許多,就是一個明證,而且在我們會員的當中,有許多人,又曾爲這次革命出過力,這是很可欽佩而又可慶幸的,鄙人此行,因爲時間和經濟所限,只能說是'走馬看花'而且關於報紙方面,我所注意的,不過是報館管理通信社和新聞教育的幾種,說不定仍是老生常談,請諸位不要奢望。

一國報紙,可以代表一國的國民性, 如英之莊重,美之博大,德之端正,法之輕快,義之豪爽, 日本之短小精幹,各有各的特色,就是同在一個地方的報紙,也可以發見牠的特殊性,有在政治方面見長的, 有在經濟方面見長的,有在社會或文藝方面見長的,又有以評論公正勝人的,有以消息翔實勝人的, 有以圖畫新穎而明晰勝人的, 各有牠的愛讀之人,不能說誰是優,誰是劣。

又如世界新聞界,也各有各的勢力範圍, 不相衝突,如代表國家的通信社爲一起,純粹商業式的通信社爲一起,大報館又爲一起,所以代表國家的通信社, 如英之路透,法之哈發，義之司蒂芬尼，德之華爾夫，美之聯合，日本之聯合等，組成爲一個團體，純粹商業式的通信社，知英之中央，德之大陸，美之合衆，日本之電通等，組成爲一個團體，大報館如倫敦泰晤士，紐約泰晤士，大阪朝日新聞等，又組成一個團體，常年的彼此交換消息，和進行他種宜於合作的事業。

又從新聞教育一方面爲言，也可以尋出牠的不同的目標，一種是美國式，注重應用，一種是德國式，注重理論，一種是英國式，想把理論和應用都顧到，也是各有各的見解，不過現在有一個很好的現象，就是大家都公認新聞教育，不但是很好，而且是必要的了，不但是想做記者的人應該研究，凡是自認爲輿論一份子的人，都應該研究的。

據我所觀察，世界報紙進化的趨勢，綜括起來，大約可分爲三種，第一是平民化，第二是專門化，第三是合作化，這皆是於我國報紙改良上很可取法的，同時我們報紙目前最要的工作，就是關於內政和外交方面，我也想說幾句話，供諸位研究，請諸位指教。

現在先說平民化，一個國家，無論教育如何發達，比較起來，總是受過高深教育的人少，受過普通教育的人多，所以報紙要擴張牠的勢力，就是銷數多，必須從人多的方面——就是受過普通教育的人着想，最容易解決這個問題的，就是文字不可太深，因爲文字太深了，只有受過高深教育的人能看，而受過普通教育的人不能看，換一句話說，設若編一張文字淺近的報，受過普通教育的人能看，受過高深教育的人更能看，那是很顯明的，現在各國的報紙，因爲看淸了這一點，總是向通俗的一方面走，有全用口語的，有絕對不用古字的，有減少引用外國成語的，總要使這張報所登載的，能夠家喻而戶曉，如銷數超過百萬的英國的每日郵報，法國的小巴黎人報，美國的美利堅人報，日本的朝日新聞和每日新聞，都是因這個原故而成功的，我國教育程度不必說，是極端幼稚的，我國的文字，又是極端繁難的，我們爲促進報紙發展和國家進步着想，不可不有這種覺悟，就是趕快改用白話，要使初等小學卒業的人或程度相當的人，就能夠有報讀，我們要知道，報紙是給人日常生活必須的知識，不是傳之不朽的名作，用不着把全付精神，銷耗在咬文嚼字的方面，我還要進一步說，改用白話，還是一種過渡辦法，因爲我國字的數目太多了，日常所用的就是加以限制，還有三四千字，要人人能識得這三四千字，還不知要多少時候，所以我們最好把注音字母這一類的方法，趕快提倡起來，如日本報紙一樣，把假名排在漢字的旁邊，只要讀熟了幾十個字母，遇着不認識的字，就能讀出字的音，懂得字的義，那是簡便得多了，像新興的土耳其，已決定從一九三一年起，教科書一律改用羅馬字，大總統開瑪爾，爲這個問題，特親到全國各處，演說廢除亞拉伯字的理由，我們是不必懷疑的，我相信中國報紙銷數少，與其說是教育不發達，不如說是文字太深，我們還是等教育普及以後，才去推廣報紙的銷路呢。還是設法推廣報紙銷路，去幫助教育普及呢，那一方面要緊，那一方面有利，我們報界，要聰明的去打算打算才好，我前面說過，報紙只給人日常生活必須的知識，所以要求學問，是在書本內，研究專門學術的人們，自有星期增刊和雜誌，供他們的需要，日報不負這一種責任，何況我國報紙上。很少見有可以供學術上研究的文字呢，我敢說，某家報紙，先能從這方面改革，——就是改用白話，牠將來一定能在羣衆方面，最占勢力。

什麽是專門化呢，因爲世界的事物，一天複雜似一天，一個人能做各樣工作而且做得好，是絕對沒有的，各國報紙的內部，都分部很多，每個部分，大都是專門家主持，卽如我參觀的幾家大報館，不但有外交主筆，而且有專管中國問題的人，中國發生大事，明天報上就會有論說發表，中國人的照片，或是關於國民黨的專著和剪報，能在五分鐘內取出來，以外還請許多專門家做顧問，遇了特別問題，就請他們作文，所以我國報館要改良，譬如是編輯部，至少要把內政和外交，政治經濟和社會各事分分開，才能減少對於各種問題模糊影響似是而非的弊端，他們所用的人，一定是於政治經濟社會或文藝方面，已有研究而經過自已訓練的，現在且進步到關於航空的事，簡直請個飛行家去寫，關於氣象的事，簡直請個天文家去寫，關於公共衞生的事，簡直請個醫學家去寫，至於派到外國去的人，那更不必說，不但文筆好，交游廣，經驗豐富，而且一定是於某方面有特殊的研究，譬如派到日內瓦去的通信員，一定是於國際聯盟知道很深切，派到英美日三國減軍會議去的，一定是於海軍知道很深切，我記得我在倫敦皇家大學，聽一個泰晤士報的通信員演說'大戰的開端'，他是於複雜的巴幹爾問題，最有研究的，那天許多外交界要人也去聽，據說大戰後羅馬尼亞的外交，常常請他指教，又如現在柏林日報駐莫斯科的通信員，是於俄國最有研究的，所以每一篇文章登出來，各國大報紙，都爭先轉載，他們的地位，比外交官還要高，因爲他們不只是知道一個事實的原因，而且推測得很得當，由此看來，要做一個好記者，知識固然愈豐富愈好，但是還要有一種特長，至於營業部和印刷部，也是同樣的向專門一方面走，有些事且非普通人所能做。譬如最大最快的輪轉機，非有機械知識的人不能管，新流行的電傳照相機；非有電氣知識的人不能管，送報載客的飛機，非有航空的知識不能管，一件事業要進步，卻也非分工不可，現在橫在我們面前的問題太多了，中日中英的交涉，滿洲西藏蒙古的地位皆是我們應該分頭研究的，譬如英國報王拉斯克立夫，逆料英德總有開戰的一天，所以幾年前就搜集關於德國軍事設備上的材料，後來大戰果然發生，軍事當局反去向他借閱，又如日本海軍記者川島清治郎所著的'日美一戰論'預想若干年後的太平洋大戰，把雙方的環境和軍力，一一加以比較，讀了也很動目驚心，他們不但注意國內，而且注意國外，不但注意現在，而且注意將來，我想這個公例，一定是顛撲不破，就是報紙是輿論的指導者，所以記者的知識，至少要比常人加一等，不然，對於某個問題，自己尚且不明瞭，如何可以指導人呢，德國新聞學教授部格氏說，我們不希望造就一個凡事皆能的記者，而情願得一個專門家，就是政治家，歷史家，或文學家，也是這個意思，其實將來沒有一種特長的報館和記者，在競爭劇烈的社會中，可以斷言是沒有他們地位的。

現在要說合作化了，報館和報館，記者和記者，彼此競爭，當然很激烈，但是於全體有關係的方面，沒有不合作的，所以有報館公會，報館主人協會，和某種記者俱樂部等，討論超過個人或一個報館的問題，各國大報館內，差不多都有消費合作社，開設飯店茶酒店和煙紙店等，資本是出於職員或工人，房屋是由報館供給，連本帶利一進一出結算起來，常比外間便宜一半或四分之一，又如歐洲有若干國家，沒有造紙廠，非向國外購買不可，他們就合組一個買紙機關，大宗的向外國廠家購買，然後分給各報館，結果也可比平常便宜四分之一，我想我國也不出報紙，很可照此方法做，何必把大好的金錢，硬送於外人呢，又如日本報紙，在三年前，是各自購用外國消息，後來覺得損失太大，就合組一個聯合通信社，這個不但可以省錢，而且可以阻止外人宣傳，我們現在的情形，和三年前的日本是一樣，我希望大家覺悟，也能有這種組織，國內除了幾個重要地方要自己特派訪員，其餘如僻遠省分和蒙古西藏青海等處，就可合派一個訪員，國外如倫敦日內瓦紐約東京莫斯科等處，也可同樣辦理，不能天天打電報，遇了和中國有關的事再打也可以，沒有能力打電報，就是通信也行，總比沒有好得多，這種地方，大家無競爭可言，何必出了錢，還要代外人宣傳呢，如鄙人在前所說的大通信社大報館，均是最有勢力的，尚且互相結合，一方面減少糜費，一方面使他們的事業格外發展，又如鄙人去年所參與的國際報界專家會議，竟聯合全世界的大通信社和大報館，向各國政府要求減少電費和記者的便利，合作效力的偉大，更可想而知，這個是要大家把眼光放遠些，把個人利益放後些，趕快的聯合起來，魯濱生飄流荒島的生活，不是人人都可以如此的。

我現在要說幾句關於內政和外交的話，外交和內政，息息相通，是一而二二而一的，在我的旅行期中，看着在國外的僑胞，被人輕視欺侮虐待得無以復加，什麽緣故呢，就是因爲他們沒有一個政府做後盾。彷彿一個無所依靠的人，每天讀着外國報，所載中國的事，無非殺人放火綁票內訌，關於外國人的事，如抵制日貨反對教會這一類，更是藉題發揮，冷嘲熱諷，無非教本國人相信中國秩序混亂，無法整頓，他們有時還做論說，向他國人說，設若不是我們派兵到中國，外國人還能在那里做買賣麽，他們爲國家宣傳都是有政策的，而且是極端一致的，我記得每日郵報去年出了一份二千〇一年未來的報紙說，中國北方某人帶領了一隊飛機，與南方某人的飛機隊，又在上海附近猛烈的打起來了，外人理想中的中國，竟是如此，你想可恨不可恨，最近我國總算勉強統一了，接着美國和我們解決懸案，修改條約，國際的地位，已經增高了好多。不過外國報紙，尤其是英日報紙，仍在那裏宣傳，說馮玉祥和蔣介石鬧意見了，漢口和南京要分離了，左派和右派已在準備决裂了，說得有聲有色，一方面在中國又有許多密使，分頭製造空氣，又有通信社，傳播南北利害相反的消息，盡挑撥的能事，他們唯一的希望，就是唯恐中國不亂，因爲中國如果再打起來，他們的特別權利，就可以延長下去，一方面又可以做幾筆借款，和買軍械的生意，借款是七折八扣交出來，我說錯了，有些竟是打六折打對折還不到，還的時候，一文也不能少，這種借款還是拿去買他們的無用的軍械，打死的是中國人，說不定兩方到了火併的辰光，他們就提出要求，迫你簽字，設若兩方的勝負要分了，他們又公然派兵來干涉，無論如何，總是於他們有利，這種周而復始的把戲，已經演了十幾年了，其實在外國人內也有比較清楚的，如羅素威爾斯這一班學者，也很講公道話，又如英國的勞動黨，日本的民政黨，也始終反對出兵，但是有些時候，我們自己爲了個人權利，上了他們騙，又要自己鬧意見，甚至於打起來，這很予他們政府和軍閥一種口實，他說你們看中國現在的情形是如何，你們太偏於理想了，我們的計畫是不會錯的，外國人這樣的計算我們，是要時時留意，看見有要上他們當的人，我們要切實規誡他，監視他，或是攻擊他，有人說，設若一個報館敢登載這種事，說不定報紙立刻就要被扣留，記者立刻就要被拘捕，加上他一個鄙間的罪名，這根顧慮在我們'驚弓之鳥'的報界，自然不能輕視，但是我們設若全體一致登載起來，是否全體報館也會立刻就被封閉麽，民國十七年來擾亂得也夠受了如果把現在局面破壞，又不知道要若干年，才得休息，所以我們今日最大的責任，是要擁護統一，統一與否，是我們的生死關頭，換一句話說，凡是破壞統一的，不管信仰何種主義，具何種理由，持何種口實，都是我們反對的，有誰敢破壞統一，不管是本國人或外國人，我們應該一律以敵人看待的。

從世界上的大局看起來，我們也未可樂觀，巴爾幹歐戰的餘毒，又在醞釀着，尤其是墨索里尼在那里躍躍欲試，一方因美國擴張海軍，有些像歐戰以前德國的神氣妒嫉的大有人在，說不定大戰不久又要爆發，我們在過去的大戰中，巳經得了不少教訓，想起日本的行動，我們眞是不寒而慄，未來的大戰，說不定我們不但不能置身事外，還要做其中的主要角色，現在外人對我國，還不過是經濟侵略，到那時就成爲你死我活的問題了，那嗎我們不可不乘這個苟安時期，趕快的生聚教訓起來，如關於國防的海陸空軍隊，關於後方運輸的交通事業，關於開拓民智的教育，關於維持生活的食糧，都要積極的準備，過去的幾十年，中國不亡，實在受均勢之賜，我們現在不能再聽天由命了，從世界來看中國，眞是一個天賦的國家，地方大，人口多，物產豐饒，關起門來，可以過日子，不像英國和日本，整年的為糧食憂愁，怕人家封鎖，如此好的國家，世界上除了美俄以外，都不能及的，但是俄國很冷，美國已開發了一大半，惟有我國，氣候適宜，有許多寶貝還蘊藏在地下，沒有開發，人民又非常耐勞苦而勤儉，我們只要沒有內亂，好好的建設上去，豈但能做到美國人的豐衣足食，俄國人的虎視鷹揚，說不定全世界和平還要我們來維持來增進，這不是言大而誇，凡是有遠見的人，沒有不如此觀察的，你看我們不過才稍稍有點秩序。日本人就手忙脚亂起來了，我們宣布廢約，他也無可如何，設若我們內部眞能一致，什麽事都辦得到的。

至於我們的報紙，也是非常有希望，只可惜也像睡獅一般，還沒到醒覺時期，我記得我在不魯舍爾的時候，參觀比京夜報，問到他的銷數，他的經理說，我們國小，不能和你們比，每天只銷三十餘萬，他的意思，中國這種大的地方，一家報紙，起碼總要銷一二百萬，我們設若拿人口來比例，日本的報紙尙且每天銷一百多萬，我們每天至少銷五百萬，才說得過去但是現在是如何情形呢，爭來爭去，還是在上海附近，最大的目的，就是多登幾個廣告，以外的願望，一點沒有，未來的計劃，一點沒有，人家拿世界全局來定他們的報紙的力針，我們報紙是拿上海租界的眼光去應付全世界的問題，人家是用電線傳遞照相，我們還未知到圖畫的價值，人家用飛機送報送原稿送照片，我們還靠着脚夫和郵差，說起競爭來，那里配得上，唉，我常想有甚麽方法，可以教世界不要走得快，等等我們一搖二擺的報界先生們，又有甚麽方法，可以教科學不要進步，等到我們要用的時候才發明，我是人微言輕，所以很願諸位，把以上所說的．就是順着世界報紙的三大趨勢來促進我國的報紙，看清險象環生的國際現勢，喚起擁護統一的運動，提倡和實行起來，那就感激不盡。

新聞教育的目的

（戈公振在復旦大學講）

報紙一天發達似一天，近幾年來，進步得更快，但是僅從形體上發達，而精神上並沒進步，換言之，就是一個很簡陋的東西，忽然高昇而爲科學，二百五十年來，報紙不斷的發行，但是對於報紙的目的和方法，並不明瞭，在十七和十八世紀，要希望有一個系統的研究，當然是不可能，到了十九世紀的末葉，二十世紀的初期，才漸漸有人知道這個缺陷，最近五十年來，新聞學忽然大大流行，這是受什麽激刺呢，就是新聞記者職業的準備，但是既把新聞學僅僅作爲職業上的準備，所以對於報紙的本來性質和牠的存在的一種認識，倒被阻礙了，其實就是關於新聞職業教育的方法，我們又何嘗眞能知道呢。

我們把各國新聞科的課程一看，就知道和記者職業如何密切，一八九三年，美國本薛文尼大學新聞科，最初所定四種功課，第一是論說的寫法，第二是每日問題和對付的方法，第三是報紙歷史，第四是編輯及通信員的工作，到了十九世紀初期，哈佛大學才編了一個改良的課程，當時其他學校，都把這個課程作爲模範，就是報紙管理法，報紙的生成,出版法,報紙道德,報紙歷史,並且想將報紙的精神,用文學來表現,現在美國新聞科的課程,固然和以前大不相同,就是制度也不一律,有三年畢業的,有四年畢業的,普通是受過試驗,就給他一張證書,有些稱呼是學士,和普通沒有分別,有些有特別稱呼,如Bachelor of Arts in Journalism,或Bachelor of Science in Journalism,有些因爲有進一步的研究,還可得碩士學位,在美國最新而最流行的,要算哥倫比亞大學的課程,前後共有四年的研究,前二年是注意普通教育,後二年是專門教育,設若已在報界做過半年以上的人,可以立刻入後二年的一班,無論那一個學生,一定要學一種外國語,普通是法文,後二年的課程是,第一年有三點鐘講通信法,並且有實地練習,講義是本埠新聞的形式,教授做編輯主任,學生做編輯員,練習的材料,就是城內每天發生的新聞,第二年有六點鐘是政治和商業新聞的編輯,有三點鐘是心理學,就是讀報人的興趣在什麼地方,同時前二年的功課,還要繼續讀下去,使得更爲完備,第二年(第四年)的課程,是注重實地練習,如通信法,編輯法,(如電報的編輯,標題的作法,短評的寫法,)和通信社對於電報的處置方法,以外還有報紙歷史,戲劇批評,書籍評論,和星期增刊等,美國新聞科,非常注重實地練習,所以每個新聞科,至少有一種報紙，都是由學生辦理，教授僅做指導人，Iowa大學，並且每日出報而且是自己印刷，Oklahoma 大學還進一步，竟發行日報一種，週報二種，月報一種，年報一種。

比京新聞學院的課程，是報紙歷史，法國文學史，音樂史，藝術評論史，法律原理，出版法，經濟學，技術和實地練習，教員是大學教授，文學家，新聞記者，律師，研究二年後，經過試驗，給以證書。

法國天主教大學新聞科是規定三年，第一年注意普通教育，第二三年是在普通教育的完成和職業的及技術的教育的完成，期滿給以證書。

波蘭華沙大學新聞科的課程，第一年是報紙歷史，報紙原理，經濟學，國會及政黨史，和報紙有關的法律，劇評，印刷技術，圖畫，波蘭語，波蘭政治史，波蘭通史。第二年是國會的新聞紀事，報紙歷史，報紙原理，宣傳法，電報及通信法，外交史，經濟學原理，十九世紀的波蘭印刷物，第三年是波蘭印刷物，宣傳法，電報及通信事務，外交史，文學批評，波蘭政治史，政治史通論，教員是新聞記者，官吏，大學教授，期滿先筆試後口試，合格者給以證書，否則留級。

德國萊勃攝細大學新聞科分爲三科（一）政治的新聞科，功課是歷史，經濟，統計，地理，行政，政治及國家學總論，法律，隨意科係哲學，文學史，人類學，(二)經濟的新聞科，功課是國民經濟，統計學，行政學，國家經濟的專門講義，如農業及農業行政學，商業行政，交易所，債權法，金融論，交通論，保險法，法學總論，商業法，匯兌法，海事法，國際公法，破產法等，又如商業經營法，商業算術薄記等，則在商科大學聽講，(三)文藝的新聞科一類是哲學，尤其是哲學史，心理學，論理學，美學，一類是德國法國及英國文學史，戲曲史，音樂史，一類是日耳曼言語學總論，文化史，藝術史，這三科公通的課程，是報紙歷史總論，現代報紙編制及其技術，和報館的行政，此外因爲實地上職業的準備，又設一個新聞研究院，必將某一種功課讀完或已是大學研究生，方許入內。

瑞士Burne大學的新聞科，功課是法典，政治學，總論，聯邦法，報紙歷史，國家經濟原理，歷史學總論，法國德國文學及語言的歷史，法律的哲學，社會學，瑞士法律史，經濟政治學，瑞士史，地理，邏輯，國際公法，出版法，財政學及租稅學，統計學總論，心理學，教會法，立法的政治，保險事業，鐵路金融，債劵銀行，交易所，英國義國文學史，瑞士民法，著作權法，刑法的政治學，人口及人口統計學，政治學，勞動問題，社會政治學，經濟統計學，社會統計學，在最後數學期，有新聞技術上的模範實習。

倫敦大學新聞科的功課，指定若干爲必修科，如英文文體的研究，著作人及記者的練習，又有隨意科，至少要選四種，且須得主任教授同意，如科學史總論，政治思想史，哲學，英國文學，現代言語，國家學總論，行政學，國民經濟學，二年期滿，試驗及於普通各科，關於報紙方面，只須有一篇論文，又新聞科教授的評判，這種學生，須於暑假中實行記者工作，能平時兼做記者更佳。

照這些課程看起來，可以分爲三種形式，(一)是美國式，目的因特別爲訓練新聞記者而設一個研究所，用大學的或分科的或專門的形式，至於功課，是以記者實用方面爲重要，普通教育反在其次，末後受專門試驗，而給以一種學位，(二)是德國式，在一個現有的大學內經過多年的研究，同時注意新聞學或新聞的科學，有時候也有實習的功課，不過以普通教育爲重要，至於畢業試驗，就是普通大學試驗，有時加進新聞學的課目，(三)是英國式，在現有大學的一個分科內，特別給記者以一種研究，普通各科，固然注意，但是實習方面，亦不輕視，畢業試驗，是注重普通科目，但是實地練習，也同樣考試，合格者給以證書，美國的方法，注重職業的訓練，德國的方法，注重職業的教育，英國的方法，想把兩方面都做到，這三種制度的成立，因爲大學教育目的不同，所以對於記者的職業觀念亦不同，美國所希望的記者，是通信員和編輯員，所以他們覺得自己是新聞的支配人，德國希望的記者，不僅是自己作爲新聞支配人，且作爲製造人看，所以不僅須給讀者以消息，並須指導讀者，就是除去職業以外，覺得還有一個天職，換一句話說，美國制度，比德國制度來得快，得到他的新聞職業，把記者當作可以由學而得的職業，有人說，記者要有藝術家的性質，就是要有天才，當然此話不能否認，但是有天才的人，受了教育以後，能夠得到精神上的修養，可以使他要做的事，格外做到有效果，不過有許多人，還是懷疑，記者的大學教育，是必要麽，或者僅僅乎有了也好罷，這還在議論紛紜，就是主張必要的人，也發生一個問題。就是這個新聞教育，應當怎樣辦才好呢，新聞教育常爲這些問題拖延下去。

一九一三年，德國報界聯合會，曾發過關於此問題的一個宣言，就是記者職業，是自由的職業，但是需要一個預備教育，這種職業，是實地知識應用的一種職業，所以必從實地預備，不過理論上也要有普通教育才適宜，新聞專門學校，是不必有，因試驗而給以記者資格，也不相當。記者的養成，是發行人和編輯人共同的事務，實地訓練，只有報館自身才可能，大學設立新聞科講座，所聘請的教授，以有實地經驗的人爲適當，又一九二三年，德國萊勃攝細大學，在許多重要報紙上，徵求關於記者職業的羣衆觀念，所得到的答案，普通是記者是不能學得到的，是天生的。記者的特別表現，是什麽呢，就是要有敏捷的能力，迅速而正確的判斷力，能夠得到要點的觀察力，對於眞實的感覺性，有強固的活動性，有極強的適應性，有流暢明瞭而能普通了解的文筆，關於道德方面，要有公正而清廉的性質，有責任心和喜歡責任的心，勤敏。有理想。有充滿的精神，有自治力，有強固的記憶力，有表現能力，有感覺心，有進步的欲望，至於記者如何可以得着他的知識，還是個人研究，還是進大學呢，這是第二個問題，不十分重要的，記者要有天才，不是說恭維的話，有天才的人，確是比普通人做事做得好，其實做醫生做律師甚至於做工人，不也要有他的天才麽，同是一樣工藝品，何以有的僅能賣普通的價錢，有的就能巧奪天工，藏在博物院裏，所以記者的職業，不必比別的職業是特別天生的，這一種特別性質，並不是記者所特有，當醫生當律師當工人，不是都要有理解力，判斷力，觀察力等等麽，又如正直勤敏好責任求上進的精神，不都是要有麽，什麽是記者的特有性質呢，是不是僅僅有流暢明瞭而普通了解的文筆，而即不必受好的科學的訓練麽，那嗎，無論何種職業，無條件而本來有的是什麽呢，是智識麽：在前面的答案，雖不把知識完全輕視，但是把知識和求知識的方法，不作爲十分重要，其實凡是有見識的人，一定承認私人研究，除非天才，是不能有好結果的，但是因爲天才，是世上最少的，所以因私人研究，而常發生不幸，就是有一類人，對於無論什麽都曉得一點，但是沒有一樣能正確理解，而且報界的大部分，因爲聽了人家恭維的話，自己也墮入五里霧中，從未把記者的預備教育認識清楚，芝加哥壇報發行人W. Reid氏說West Point不能保證造成良好軍隊，紐約的大學，不能爲記者給我們一個保證，但是 West Point 可以訓練和可以給專門知識到那些天生的軍人，不致把天才埋沒，就不是天生的軍人，和他們登在一起，也可以達到相當有價值的地位，在大學教育中，爲政治家經濟家文學家所設的各科，人多以爲必要，而對於新聞科，有些新聞界的人，却不以爲然，甚至於反對，或者是側重在經驗的一方面，其實走進實際的世界，是有知識的人所能的，不是無知識的人所能的，大學教育，很可省得我們暗中摸索，走灣曲的路，損失時間，當然理論的知識，要實地練習去補充，但是大學教育，能補充實地知識，也不可不注意的，譬如醫生律師，在大學畢業後，也要到醫院或法庭去實習，記者畢業後，到報館去實習，並不是例外，無論何種職業，都是如此的。

我們要知道，記者的大學教育，不但是很好，而且是必要的，倘使我們把報紙只作爲一個商業團體利益的代表，或是一個宗教團體利益的代表，那嗎，記者只要有最小限度的知識，和最高程度的先入之見就夠了，大學教育是不必要的。若是我們認報紙是於公衆有貢獻，那嗎，須在大學教育內，養成有綜括的知識，無偏見的記者，方可以盡這種責任。

有人往往將記者和議員比較，彷彿同是做人民的代表，但是議員是代表政黨，只要知道政黨的宗旨就行了。當然，議員也要有某種專門知識，而且還要經過一種試驗，就是選舉。倘使他得了大多數的贊同，就可以代表數萬人入國會。但是請主筆的人，是由一個報館主人，或是幾個人組織的董事會，並且因報館的大小，而成爲數千人數萬人數兆人的指導者。而他的資格，却沒證明過。Szemere氏說，醫生藥劑師，因爲恐怕把人誤殺，所以他們要有科學的訓練，就是當獸醫也有如此的規定，但是記者並沒證明他的知識成熟的程度，却把一個更貴重的生命，就是一個國家或許多國家的生命託付他，是很不合理的，倘使三家村上的蒙館先生，或是一個衙門裏的書手，都可以做通信員，做主筆，於輿論上發生如何不幸，是不待證明而知的。國家對於此事，永遠取旁觀態度，是不應該的。因爲國家是全體國民的代表，應有取締的義務。報紙對於輿論，既能發生影響，對於公衆及國家，自己能負這樣重大責任的人，應該謹愼的選擇材料。並且對於公衆及國家負責任。但是這種人資格的證明，只有經過大學的研究，和畢業試驗，最爲妥當。畢業證書，也應該在研究後一定期間內，已經實習後，才能發生效力。有人主張以後可仿照工程師資格的分別辦法，凡是得有證書的，稱爲 Diploma Editor。凡是做新聞記者的，設若都有了高深教育的修養，那嗎，方不致盲目的服從口號，也不致靠着通信社送來的稿子，用他人的意見爲意見，他們將來要能看重國家的利益，比個人或一個團體的利益還重要。爲國家的利益起見，防止報紙不負責任和發生危險的影響，除了上面所說，就是記者必須受新聞教育，就是大學教育，以外沒有別法。

設若將來的主筆或記者，必須受大學教育，那嗎要研究什麽呢，其實這很容易解決，就是他們不可不研究可以幫助他將來活動能力的學問，譬如政治記者要研究的，就是政治學，商業記者就是經濟學，一省或一地方的記者，就是社會學，文藝記者，就是文學，所以新聞教育，應該包括這幾種，（一）理想的政治記者，應該研究的，是歷史地理，法律，國民經濟，及統計學，哲學，和外國語。(二)理想的商業記者，應該研究的，是國民經濟及統計學，私人經濟，地理，重要的法律，和英語。(三)理想的省報或地方報的記者，應該研究的是歷史，地理，國際公法，國民經濟，及統計學和特殊的法律。(四)理想的文藝記者，應該研究的，是哲學，歷史，和本國文學。除此以外，對於他們將來服務的報紙的宗旨，當然也要有深切的研究，所以記者不是僅僅在歷史方面，研究報紙歷史就夠了；在國民經濟方面，只研究報館的經濟構成就夠了；在法律方面，只注意報紙法出版法就夠了；應該把報紙全體的現象，分析開來研究，就是不僅把報紙的過去和現在，當作新聞學，要給我們一個報紙的標準和規律。我在國外，看見許多專爲記者而設的一種學校，近來國內也不少。不過他們都是竭力教授如何可以去得着新聞職業。如果把這些學校作爲記者養成所，很不適當。因爲他們不給學生以正當教育，只注意職業的養成，不僅是不能使學生得着精神上的知識，而且於他們有害，這種營業色彩不去，理想的記者不會有，有人說優秀的新聞記者，不能由學而得的這一句話，不可不注意。譬如一個人，在某個大學新聞科畢業以後，必須經過實地練習的一個階級，不能直接就走入職業的地位。換一句話說，就是在學校畢業以後，就可將報館的練習省去，是不可能的。其實無論何種職業，沒有等到一個人必須有了成功的證明以後，才給地位置，是世界所無的，所以新聞學的主要目的，不是使人學得實用的職業，是給他一種精神上的立脚點，指明他能夠站而應該站的地方。

其實新聞學是每個青年都應該研究的，因爲每一個人，皆和報紙發生關係，而參與人類團體的生活。現在公衆，對於報紙的知識，非常缺乏，比旁的文化事業，還要危險，差不多每一個青年，手裏都拿着一份報紙，或一本雜誌。但是在他們的中間，有誰知道報紙如何發生，如何成立，有何條件，才能存在，報紙的界限是什麽，讀的方法怎樣。現在的羣衆，不管報紙內容的黑白，他就大胆的帶到家裏去，還要說給別人聽，迷信報紙的程度，可謂荒謬已極，對於人類和社會國家發生損害，是不必費力去證明。倘使我們對於報紙，比較有理解，或者還可以加上批評的態度。那嗎，我們社會上各人的生活，才不會變成旁的樣式，若使現在每一個國民，都能知道報紙從什麽需要而來的，報紙有何種力量。報紙受何種勢力的影響。那嗎，他才可以對於報紙有理解和正當的態度。所以對於報紙的目的組織及技術等等，是於公衆知識有關係的。配稱爲輿論一份子，就是所謂國民，尤其是官吏議員實業家等人，皆應有這種知識的。凡是一方給報紙以消息，一方從報紙得消息，及批評的人們，應該知道報紙上述的各種關係。譬如是音樂，我們先要知道樂器的目的及效能，和他的特性，以後才能正當的去聽，去批評，甚至於去演奏。所以我敢說，新聞學是無條件的一種國民必修科，報紙是一國綜括的文化現象，差不多政治經濟社會文藝各方面，都受他的暗示，我們由報紙而成爲團體，如果我們現在沒有報紙，社會將成何種現象。簡單說起來，一方面知道報紙是一個危險的禮物，一方面又不能少了他。所以照上所述，我們的立脚點，是毫不懷疑，就是新聞教育，不僅僅要竭力提倡，而且應該十分尊重才是。

國際報界專家會議記略

（戈公振）

國際聯盟所召集之報界專家會議，如期於八月二十四日，在日內瓦舉行。與會者凡三十六國，專家六十三人，審查員二十人，顧問三十五人。此三十六國中有聯盟會員，有非聯盟會員。此一百十八人中，有報館主人，有通信社代表，有新聞記者，有公佈局長，濟濟一堂，堪稱盛事。二十九日閉幕，主席英國出版同盟會長倫敦每日電報主人彭漢子爵道謝聯盟，正式承認報紙爲一種國家與國際之機關。歐美輿論亦一致贊美報界專家會議，謂爲報界之羅加拿會議，眞能導世界入於和平之途，並由此可知報界前進，必基於國際合作與互助。

此會議雖爲聯盟所發起，然事先曾遍詢各國報界，是否願有此會議，迨一致贊同，始行召集。在會議期中，議程亦由報界自訂，完全公開討論，對於任何問題，各專家皆有自由發言之權。且被請與會者，非政府人員，亦非由政府任命，更不代表任何機關或任何利益。故意見易趨一致而皆獲良果。說者謂自有聯盟以來，國際會議之具獨立精神者，以此爲第一，信非虛也。

聯盟以維持世界和平爲職志，苟欲各民族間相互了解，其收效最迅速而最普遍者，莫如報紙。該會爲進行便利計，有非與報界合作不可之勢。今報界專家會議之召集，乃欲從實際利益上，期彼此關係更加密切。聯盟向以不宣傳相標榜，然善作畫者，貴神到而筆不到，固不必於跡象求之。矧從聯盟現狀言，不可一世之俄美，新興之土，均未加入，精神上不免痛苦。故年來常另發起國際會議，如經濟會議等，俾非會員國家，亦有攜手之機會。今此項會議之召集，亦挽回輿論之一種手段也。

報界專家會議，自一九二九年九月，由智利代表在聯盟第六屆大會提議以來，此二年中，該會對於籌備工作，煞費經營，且曾屢派重要職員，四出遊說。故操縱世界輿論者，如英國之路透電報公司與交換電報公司，美國之聯合通信社與合衆通信社，法國之哈發通信社，德國之華夫通信社，意國之施蒂芬尼通信社，日本之聯合通信社與電報通信社，皆由總理親自出席。其他在國內輿論界占優勢者，更不知凡幾，倫敦泰晤士報總理，尙屈居顧問之例。自來國際報界會議，其人物之優秀，蓋未有加於此者。

外此尙有二特點可言：

往昔國際報界會議，率爲報界自身所召集。然報紙之進步，每爲環境所左右。如欲保護新聞，則必修改法律；欲新聞傳遞迅速，則必改良交通之類，均須得外界贊助，非一己所能支配。故其結果往往僅成片面的理想，能言而不能行。今聯盟係各國政府所合組，換言之，即此項會議之召集，不啻以政府爲主體，而報界爲客體。故所有議決案，不待報界請求，而聯盟自能督促各國政府實行。

日內瓦自設立國際聯盟以來，列強外長及各國要人，每隔三月，必一集會。各國大通信社及領袖報紙之特派員，探刺消息，亦不期然而以此爲薈萃之區。近瑞士政府，已計畫特建飛行場及大無線電台，俾交通益便，新聞愈易傳播。今報界專家會議，旣由聯盟主持，以後按時舉行，不復另立機關，如此，則聯盟與報界的國際組織，已若合爲一體而不可分；是日內瓦之地位，不僅爲世界政治中心，且將蔚爲世界輿論中心，可斷言也。

報界專家會議，除全體會議外，另有二委員會。一普通委員會，係討論普通會務者，由下列十三人組織之：

Lord Bernham	大會會長
K. A. Bickel	美國合衆通信社總理
M. Carbe	德國貿斯報紙公司總代表
P. Caucani	意國意大利日報協理

N. Diano	羅馬尼亞公佈局局長
H. Gomez	烏拉圭 La Manona 代表
J. Hajek	捷克公佈局局長
F. Henriksson	荷蘭公佈局局長
A. Meynot	法國哈發通信社總理
Lord Riddel	英國報館主人協會副會長
E. Reitmaun	瑞士國際報界協會總會計
V. Rossel	比利時晚報總理
上野精一	日本朝日新聞社總理

一海電委員會,係研究東方與歐美交通者,

由下列七人組織之:

Lord Bernham	大會會長
K. A. Bickel	美國合衆通信社總理
戈公振	中國時報主筆
R. Jones	美國路透電報公司總理
上田碩三	日本電報通信社總理
H. Gesell	德國電報同盟總主筆
A. Meynot	法國哈發通信社總理

會中討論各問題,均反覆辯論,不稍假借。以爲報界爲欲盡其天職,固應享有種種特權,然爲保持其獨立精神,極

反對誤用與濫用。關於新聞保護問題，辯論尤久。英國專家反對甚力，美國專家則極端贊成，而英國專家中，報館方面與通信社方面，意見亦不一致。各有理由，兩不相下，結果乃由雙方提案者，自行會議，定一折衷辦法，即以公共利益爲前提，不許有壟斷之傾向。

議決案依其性質，可別爲三類：一屬於交通者，二屬於運輸者，三屬於便利者。換言之，即一新聞之蒐集，二新聞之傳遞，三新聞紙之運輸是。夫蒐集新聞，貴有充分之自由。爲與以種種便利。故有旅行複稅護照執照等案；爲充滿其知識，宜與以種種修養，故有學校學額等案。此第一步也。傳遞消息，恐言不盡意，故有電報電話減費等案，期其無滯留，故有優先權等案。此第二步也。新聞在印刷以前，爲防止不正當之競爭，故有保護等案。此第三步也。出版以後，欲其分佈迅速，故有報紙運輸郵局定報等案。此第四步也。爲明報紙與社會關係，故有國際合作道德上之裁兵等案。此第五步也。如此，則報紙之能事盡，故自邏輯上言之，三者互相爲用而不可或缺。

報界專家會議議決案，由比國外長，於九月二日，報告於聯盟行政院；二十二日，又報告於聯盟第八屆大會，各國代表無異議，在原則上全都採用。除有關交通之若干專門問題，尙須由交通運輸委員會研究外，餘卽分咨各國政府實行。

玆將議決案及予之演說，附錄於後：

中國專家之演說

予詳覽本會議程，對於將討論之各問題，極爲注意。以爲本會所通過之議案，中國報界團體，必竭力爲之實行。

予係中國記者，故敢請此國際團體注意。在議程中，有二問題，與中國有特別關係：其一爲傳遞新聞之海電及無線電之費率，其一爲新聞檢查法。

近世報紙重要原素之一，爲搜集與傳遞新聞。今日報紙之紀載，大部分具有國際性質。對於距離較遠國家之事實，比諸本埠新聞，雖不視之更爲重要，但至少亦必相等。中國現當改革時期，凡百事業，進步甚速，而報界爲尤顯著。國中報紙之數目，年有增加，銷路日見推廣，其勢力且伸張至民國之極邊。

中國最大用款之一，亦與他國同，卽國外新聞用費是。中國與歐美兩洲間之新聞電費，較之歐美兩洲相互間，高過二倍有半，其原因甚多，而距離爲其要點。予固認中國與歐美兩洲間之電費，應超過於歐美兩洲相互間；然中國之需要西方新聞，其量必與日俱增，故此相距太遠之電費，確有減少之需要。

本會對於歐美兩洲間之新聞電費方將討論減少。中國與歐美兩洲間之距離，雖較歐美兩洲相互間爲大，而減少電費，更須特別。中國需要尤廉之新聞電費，其理甚明。蓋中國報紙，較之歐美，尙屬幼稚。凡歐美報紙，能支款百萬者，中國僅能支款千數。緣西方報紙，往往銷數多至百萬以上，以今日中國報紙銷數論，尙未能勝此項用費也。

然中國之讀報者，欲知國際新聞，亦猶西方讀報者，欲知中國新聞也。本會除討論純粹物質上之利益外，其能使本會委員遠道而來之原則，則國際聯盟，爲理想所引導，知世界和平，爲國際間了解所維持。吾人對於可以增進此項了解之運動，皆表同情。雖然，中國在此世界上，可謂爲人最不了解國家之一。第一原因，爲中國與歐美相距過遠。第二原因，爲種族與心理不同。予所深懼者，爲第三原因，卽爲世人不欲了解今日中國之願望。如其欲之，則對於中國，非掃除成見不可。

邇來予遊歷歐洲，觀察各國對於今日中國之國民運動，殊多誤會一端，深爲詫異。消息之證爲不確者，而有極廣之傳布。予以爲事後更正，收效至微，有時其價值且等於零。釀成此種特別情形之錯誤，乃出於發電之地點。諸君當知中國對於本國及外國之交通，無權管理。卽在戒嚴時期，中國當局對於由海線傳遞之消息，亦無檢查之權。最近西歐報紙有關於國民政府高級官吏之誣謗報告，迨訴諸法律，始行更正，可爲此事作證。予望本會討論新聞檢查法時，無徒注意政府之行爲。吾人念及報界權利之際，亦當愈念及報界之義務。

中國地大物博，駸成遠東商業中心，歐戰以後，進化益速。且今日之國民運動，已引起全世界之注意。昔外人對中國新聞有興味者，今華人亦對外國新聞有興味。故從政治上商業上觀察，彼此了解之同情，其需要亦有加無已。

予讀去歲日本電報通信社代表提出通信社籌備委員會之建議，關於日本與歐美兩洲間之電費，希望減少至三角以下，極爲注意。此端與中國係屬同一情形，故予對於該代表之意見，希望本會設法使其實現。

電費減少之結果，將立卽增加對於中國新聞電報之字數，私家之收入，將因之增加而不減少。重要消息，旣可詳細報告，則中國讀者對於報紙，自然需要日高，同時可使報紙竭力滿足其希望，

抑更有進者，予以爲本會可由國際聯盟，按期召集，使輿論代表，得以討論專門問題，將所有之特別利益及國界觀

念，置之一旁，專以增進國際間了解爲目的。卽予以中國記者資格發言，對於外國報紙及多數報界團體，具了解中國之誠意者，深爲欽佩；更信中國人民，亦同具此感想。予希望西方報紙，在其國內，皆具偉大之勢力；爲遠東和平計，宜繼續努力，以增進中國與西方之了解。今本會與國際聯盟合作，尤可獲無量之便利。

按八月二十四日下午開始討論議案時，予係第一登壇演說者，故會長於演說後獨起立謂："頃聆戈君演講，能言善辯，深爲欽佩，鄙人謹代表全體，向戈君致謝。"

報界專家會議議決案

㈠ 新聞費率

報界專家會議，深信爲公衆利益計，對於傳布新聞，宜迅速而費省，因此決定下列各建議案，送請國際聯盟行政院，轉交交通運輸委員會，會同報界專家及交通當局，從事專門上必要之調查。

(甲)電報與無線電報

(A)新聞電報與新聞無線電報優先權

本會建議爲國際間交通計，新聞電報，對於普通私家電報，應享有優先權。

(B)緊急新聞電報與緊急新聞無線電報

本會建議，爲國際間交通計，添設一種緊急新聞電報。此項緊急新聞電報，照普通新聞電報費率加倍計算。緊急新聞電報，對於緊急私家電報，應享有優先權。

(C)長距離交通

有若干長距離新聞交通，費率太高，本會建議各國政府及商人企業，對於此種海電陸電及無線電之新聞交通，應設法使其減價。

本會建議各國電報局對於新聞電報之通過稅，及各國政府對於由海電陸電及無線電傳遞之消息，有並不歸其管理而徵收受之稅者，應即取消。

本會建議，凡減價緩遞之新聞電報尙未實行之處，對於此種電報，應即添設。

(D)區域電報協定

本會根據斯幹狄那維亞半島及沿波羅的海各國間已經成立之協定，希望各鄰國間成立區域協定，對於簽約國間電報交通，訂立內部費率。

(乙) 電話

關於國際談話，大會建議：(一)普通新聞交通，減價百分之五十，對於私家談話，應享有優先權；(二)緊急新聞交通，減價百分之五十，對於私家緊急談話，應享有優先權；

(三)根據國際間情形,無論何時,其費率較之交通所經各國間國定費率相加尤巨者,應即糾正。

(丙)關於無線電報之問題

(A)允許以無線電接受消息

本會建議,電報管理局,應給予相當之報館與通信社以執照,接受無線電之消息,並按照消息多寡及性質而定價。

(B)無線電報消息之費率

本會建議,凡以無線電報傳遞新聞,其費率之規定,應較由海電傳遞者爲廉。

(C)從日內瓦以無線電傳遞之消息

本會建議,新聞記者,探詢國際聯盟事務,得以最優之情形,實行其職務,應給予此項記者以種種便利,以無線電從日內瓦發出消息。

㈡　報界消息之電碼

由無線電發出之消息,凡未得允許者,禁止利用。本會建議報界從無線電發出之消息,應准用全部或一部之密碼,並仍照普通新聞費率計算。

㈢　改良交通

(甲)各洲間之交通。

本會以爲關於東方各國及歐美各國間電報及無線電報

交通，應有更便利之供給。

（乙）歐洲交通

本會希望各國電話交通停頓或非常設者，應立即恢復；同時本會對於各電報管理局；設立長途海線電話之計畫，表示非常滿意，希望此項工程，立即舉行。

因無線電報，無綫電話，電報照相，電報現影及空中運輸等，而發生國際交通之新進步，苟能善爲管理，與其他現行交通，同時發展，其效力必可達於極點；因此特請國際聯盟研究並加以贊助。

㈣ 報紙之轉運

本會通過下列議案：

（一）新聞專家會議，曾邀請巴黎 Hachette 運報公司代表Schoeller 君，倫敦Smith and Son 運報公司代表Kimpton君，柏林 Georg Stilke 運報公司代表 Herwarth 君出席；當根據 Hachette 公司報告，討論各國出版之報紙雜誌交換發行之推廣方法，特決定請國際聯盟行政院，將上項報告，交交通運輸委員會研究。該報告內所述各項建議，效果如何，本會希望此項委員會，於調查時，宜向有關係之各運報公司，航空運輸局，鐵路管理局，郵政管理局代表及曾參與本會之通信社與報館之若干專家會商，按照Cham pell Stuart

爵士建議，交通運輸委員會研究報紙運輸之際，應將各關係國之現行章程及費率，詳細比較，庶 Hachette 公司報告內第四章第二節所述者，得以實行。

（二）本會深信以廣泛之方法，傳佈新聞，最足以鼓勵國際間了解及和平之增進；特請各關係國政府考慮，撤消取締報紙方法及廢除稅則。因此種取締及稅則，足以阻止國際間新聞之充足傳佈也。

㈤ 郵局定報法

本會表示願望：（一）各國未加入關係郵局定報之一九二四年Stockholm 公約者，應即日加入；（二）各國已加入此公約者，應即日實行。

㈥ 新聞保護法

本會通過下列之宣言及議案：

新聞專家會議，承認新聞之披露，在某種問題內，必須由接受人按法宣布，不得有正當競爭之行爲爲原則；無論何人，不得獨占有關公共利益之新聞。

（甲）未發表之新聞

本會以爲未有新聞保護法之各國，其新聞正在傳遞或印刷之際，或新聞之未經宣布者，應與以充分之保護。凡未得允許而接受公佈或藉報紙傳播者，皆認爲非法行爲。凡政府或政府機關，或代表政府或代表政府下之一機關，所代表之官中消息，認為無優先權。報館及通信社之通信員及代表等，傳遞此項新聞，應享有平等自由之機會，其發表時，或用全部，或僅用一部，任聽其便，不加限制。

(乙)已發表之新聞

本會對於已發表之新聞之保護問題，因各國情形不同，以為應由各關係國政府，自行決定；特建議凡各國報界有對此問題，向其政府呈請者，該政府應以同情考慮，給予相當之保護。但此項保護，應按照費用程度，在特別時期內，准人轉載。本會承認一原則：為報館通信社及其他組織於發表之先後，對其報告之新聞，所有工作及費用，應享有其工作之酬勞；但此項原則，不許發生新聞專利之鼓勵。為實現此等原則起見，本會深願有一國際協定，故請國際聯盟行政院，通過一議案，轉請各國政府。立即注意。

㈦ 新聞記者職業上之便利

本會決定下列之宣言及議案：

本會不願為新聞記者請求給予或增加一切優待；以為此項優待，足以減損報界之獨立，並使新聞記者判斷力有所偏倚。然同時以為在新聞記者執行職務時，凡足以使其獲得傳遞新聞更迅速更完全之方法，應在各種情形下，給予所有可能之便利。本會更願本國報界及國際報界團體，在實行職務時，應享有同等便利。

（甲）旅行

本會以爲報界組織團體至國外旅行，在若干情形下，極爲有益；此項習慣，不宜中止，但誤用及濫用此種旅行所發生之嚴重弊端，亦甚明顯。本會特建議此種團體旅行，必須有嚴行監視之方法。此種監視，不宜僅由政府執行；但因此種旅行，須得各國政府合作；故各國政府，宜向合法之報界組織，徵求意見，俾知此種旅行，是否有益，或是否合法。

（乙）新聞學校

本會以爲新聞事業，係一種職業，實行此項職業需要之特別訓練及實習。惟賴職業上之經驗可以獲得。然本會以爲普通知識及若干專門訓練，對於此種進行亦不可少，爰表示在各大學或同等之學院中，保存或設立此種特別課程，俾新聞記者，於職業之暇，得補充其政治經濟及其他知識。

（丙）新聞記者之學額

爲增進新聞記者之職業教育起見，本會贊成各國政府或私家團體，設立此種學額。惟宜向記者職業團體，徵求意見。

（丁）新聞記者居住國外之複稅

本會願國際聯盟，爲討論複稅普通問題並決定某國應收單稅問題特設之委員會，對於此項事實，有滿意之解決。

本會特請各國政府，同時對於新聞記者，爲實行職業而旅行外國時，在已成立之法律內，給予種種便利。

（戊）鐵路減費

本會以爲此項已經實行之各國，對於新聞記者，呈驗職業上證據時，應獲得其本國記者所享有之鐵路減費。凡記者代表其同業，關於職業情形，參與會議時，應由本國或國際團體監視，給予同等便利。

（己）新聞記者之護照簽字

本會以爲新聞記者，有時必須從某地以極速之方法赴他地，而在邊境不失有用之光陰，以達到目的地，俾對於事實之變遷，不致調查失望。現各國雖有已將遲緩之源之護照簽字之形式取消。然尙有其他國家，依然保存，本會以爲新聞記者，苟呈驗其職業上證據，應免除簽字手續。

（庚）新聞記者之執照

本會表示，苟能爲新聞記者，設立一種國際執照，同時可作職業上之居留證，並便於旅行海外之記者，其利益將甚大。此項執照，宜以國際聯盟給與聯盟記者國際協會之執照爲標準，並由國際新聞記者籌備委員會照本會之建議辦理。

本會願交通運輸委員會討論此項問題時，應向有關係之報界團體，包含報館通信社之經理在內，徵求意見。

（辛）取締外國記者辦法

本會請國際聯盟，向各國政府緊急勸告，對於新聞記者，因實行職業受驅逐出境或吊消居留證處分之際，非徵求新聞記者委員會意見，並准有關係之記者陳述事實，不得實行。

按此案係國際新聞記者籌備委員會建議；各國對於外國記者在職業上發生錯誤而加以驅逐時，應先將案由交記者委員會審查。此次開會時，由英法德及聯盟國際記者四聯合會代表修改：此委員會應常年設立，由報界職業團體推出，請政府選任，但半數須不屬該國國籍者。予以中國受不平等條約之害致無權可以干涉外國記者，在此種特別情形下，不願再加一重束縛，故於討論時，曾起而聲明，大致謂："此案如僅爲少數國家而設，則予欲無言；如欲適用於全世界，則予不能不有所陳述，中國無權可以干涉外國記者，故彼等絕對有權發出不負責任與侵害中國利益之消息。予敢言從中國發出之消息，大半不確實。例如旅滬某美國記者，因遵守報紙眞實無畏之原則，發出中國消息，致爲美商會所排斥。換言之，卽外人只許其在華記者，發出侵害中國利益之消息。予至歐洲後，未嘗不享受言論自由；但新聞記者在歐美所享受之言論自由，與在中國所享受者完全不同。如此，則此案在事實上，即不適用於全世界，故予表示反對。”此案付表決時，贊成者二十九人，反對者十五人，拋棄者八人，未能全體通過，修正一段亦取消。

(壬)對於外國新聞記者之平等待遇

本會建議，所有官廳消息，應不分本國與外國，向所有報館及通信社發表；其用電報電話及無線電傳遞消息之減費與優待及各種便利，應以平等方法，一律給與。

(癸)外國新聞記者調查時應有之便利

本會希望外國新聞記者於呈驗其職業上證據後，應獲得公佈局或當地有關係之官廳，給予其本國記者之同等便利。

㈧ 平時檢查法

本會通過下列議案，按召集本會之主要理由，爲各國間交換新聞之迅速，不受間斷，互相增進了解及和平。

欲求發出之新聞，適合正義，則在各國間與在各該國所發表者，必須普通皆認爲眞實。

本會在原則上反對限制新聞之自由，認爲除在特別情形下及具充足理由外，檢查法不應成立或保存。

本會雖不欲干涉各國內政,但希望形勢許可時,關於檢查新聞之法律,應即取消或修改,俾各民族間之知識交通,得以恢復原狀。

本會全體一致,深信平時檢查法,不論其公然實行或尤爲更大障礙之祕密實行,在根本上爲國際間交換消息之阻力,使國際間了解,益爲困難。

檢查法之不能阻止失實及揑造新聞之傳播,不僅爲通信社及國際記者委員會所承認,究其害,且足以危及保存檢查法之各國政府。

本會以爲各種檢查法,應立即並永遠取消,然因檢查法在各國尙有保存者,此極與新聞之自由原則相反,本會特要求下列之最低保證:

(一)檢查電報,應由專門家任之,並以極速之方法發出

(二)專門家所受之命令,應先通知各新聞記者,俾彼等自行留意。

(三)凡新聞中被刪除之部分,及傳遞特別遲延之故,應通知發電人,並任其考量,將被檢查及受遲延之新聞,或發出,或中止。

(四)凡電報之被檢查或受遲延,其電報之業經付價

者，應按照删除字數發還。

(五)對於所有新聞記者，應不分彼此，予以同一待遇。

㈨ 其他議決案

下列議決案，爲各委員在大會中，提出建議案之結果。

(甲)虛僞新聞之傳佈或印刷

傳佈與印刷顯然不確或過甚其詞或故意曲解之新聞，足使各國間增加誤會，而對於國際和平，致發生互相猜忌之事實。

增進民族間互相了解，實爲世界和平之必要，

本會希望舉世報館及通信社，應本其天職，竭力設法避免此等新聞之傳佈與印刷，並應按照國際聯盟精神，研究可以達到此項目的之國際合作。

(乙)在日內瓦新聞記者之功課

爲增進和平及對於國際聯盟進行有合理之評論，多數新聞記者，須深知聯盟之組織；本會建議在日內瓦，宜設立一與聯盟有關係之新聞學院，備各記者常年前往聽講，俾獲得此項知識，並使各國政府注意對於此項組織竭力贊助之利益。

(丙)各日報應特設國際聯盟欄

本會對於國際聯盟及祕書廳之公佈股，對於各委員之贊助及便利及本會議之發起，表示感謝；並深知聯盟對於此項問題，決不希望有益於聯盟之宣傳，僅爲贊助報界物質上及精神上之進步。

本會承認聯盟事業爲今世紀極有意味運動之一，有特別注意之價值。特建議各大日報，按照已經實行之各日報辦法，設立專欄，紀載關於聯盟之消息。

（丁）道德上之裁兵

本會特向舉世報界，熱忱請求，對於維持和平，必須盡力贊助，消弭國際及階級間之仇恨，此等仇恨，爲和平前途極大之危險；並請舉世報界，預備道德上裁兵之方策。

（戊）區域新聞協定

以增進國際間友誼爲目的，鄰國間報界訂立區域協定一事，不獨爲便利政府實行本會決議最善方法之一，且爲消弭各國間誤會永久和平保證之一。

本會特向各委員建議，此類協定，極爲有益，（於巴爾幹各國尤有益）宜立卽彼此磋商，早成立友誼上之了解，俾各該國間報界之關係，益爲密切，足以左右有益之輿論。

（己）定期報界專家會議

在最近之將來，爲研究各國政府及其他有關係之機關，對於本會議決案及志願案實行之程度，及研究因實行此等議決案及志願案不同之情形而發生各種新問題，本會特請國際聯盟行政院考慮以後召集辦法，俾此項會議，得以按期舉行。

(庚)更正權

本會決定將更正權之研究，交與下屆報界專家會議，且請國際聯盟於考慮後備具報告。

㊉ 普通性質之議決案

會議與輿論

所有通過之議案，頗需報界之辯護與贊助；本會特請各委員，爲報界公同利益計，轉達於彼等所有之日報，以期對於各該國政府及輿論，發生有益之影響。

紀世界報紙博覽會

（戈公振）

（上）

博覽會性質，以報紙爲主體者，吾未前聞，有之，自科恩始。科恩爲萊茵河畔德國古城，亦西歐交通中心。大戰後，爲英兵所據，屢經交涉，始行退去。科恩人創設此會，一方慶自由恢復，一方且將提醒世人，勿忘萊茵河畔，尙有未撤之法比軍隊在。五月十二日，博覽會開幕，普魯士邦總理，曾鄭重致辭曰：'大戰以後，各國人士，來此握手言歡，今爲第一機會。科恩文化達發最早，然大戰中受害亦最烈，其影響今猶未已。普魯士文化或謂較遜他邦，然今已蔚成一新民國，人民思想上，有極自由之發展。此於德意志民國之樹立，貢獻絕大。邦政府在此會中，另有陳列室，可以發見近百年來報紙與國家之關係，及經何種奮鬬，始獲得言論自由。夫政府檢查，警察干涉，皆爲新聞事業進行上之障礙，而言論自由，在革新時期，需要尤切，應竭力加以維護。雖然，言論自由增而記之者之責任亦與以俱增，故新聞事業之正式成立，必自由權與責任心，二者同重。有此責任心，則凡關於內政或外政，大事或小事之紀載與評論，均將發生效果。大戰前，各國互相猜忌，報紙不知調和，且助長之。今當憬然覺悟，以減少誤會爲第一義，導世界入於和平。倘循此正軌，努力向文化經濟及社會方面進行，則對此壯麗之博覽會，安得不肅然起敬。且此會開於萊茵河畔，二千年來，此地兵燹屢經，痛定思痛，吾人應改從最大武器，——新聞事業上，作有條理無限制之發展，以增進各民族間之了解。人道與和平之基址確立，方能表現新聞事業之最大價值。'弦外之音，頗堪玩味，博覽會有三大建築；一爲報紙的歷史進化部，一爲現代報紙部，一爲外國部。現代報紙部及外國部，工事未竣，且帶營業及宣傳色彩甚濃，今請先言歷史進化部。

此部入門爲鏡廳，喻報紙爲時代之鏡也。以顏色玻璃二十六架，繪各時代報紙發生及發展情形。仰望有樹一株，表示報紙發生及發展順序，以說話報，手寫報，印刷報，圖畫報，四者爲根，以圖畫，傳單，招貼，商情，雜誌，日報，無線電，七者爲花葉。中央有顧騰伯銅像，爲活版印刷發明者。壁上有我國京報影本，輔以政治官報及政府公報，則世界報紙之鼻祖也。過此分爲二十八室，記其崖略如下。

(一)原始民族傳佈消息法。此室一隅爲壁畫，如印第安人之以手示意，秘魯人之結繩，爪哇人之烙字，非人之象形文字，墨西哥人之寓意畫等，一隅爲實物，如冰期文字，巴比侖刻石，埃及之紙，中國之筆硯，希臘羅馬之寫字具，東亞細亞之橡樹經等。

（二）古代傳佈消息法。 有舉火爲號者，有量水爲識者，有用電火傳字母者，幾經改良，始成今日流行之電報符號。

（三）（四）文字之變遷。 從拉丁文至現代字母，凡經二十次變遷，媵以各種文字所刷印之書籍，以明歐洲民族文字之進化。

（五）德人古代傳佈消息法。

（六）（七）各民族對於新聞之注意。一室有模型四，均以唱歌爲新聞，一室有畫箱多具，內燃電炬，從玻璃圓孔視之，皆爲具有新聞性質之圖畫。中有一葉，繪我國廣州風景，述西人經商於此，須在Nanhung納稅。

（八）從信到報紙。 有由英法各地寄出之公開信多函，及條報招貼等。壁上有 Augsbury 城地圖，爲歐洲報紙誕生之區，又有 Nurnbury 城模型，謂當時可由此得全世界消息。

（九）活字未發明前之技術如手寫書籍及印模刻銅等。

（十）顧騰伯活版印刷所範型。此處有人著古衣冠，表演往昔印書之法。按我國畢昇，在宋慶歷中，以活字印刷書籍，早顧騰伯五百年，惜國人輕視藝術，致湮沒弗彰。

（十一）十六世紀德國之公佈品。

（十二）單面的印刷。毗連於此室者，有荷蘭古代造紙廠模型。

（十三）郵政與定期出版物。有西班牙意大意德意志郵政範型及市集範型，均爲報紙發生之機會。

（十四）十七世紀之文書。

（十五）關於學術上之報紙。毗連於此室者，有關於道德之報紙，最初關於專門事業之報紙，及十八世紀報紙印刷所之模型，此處亦有人工作，並以樣張出售。

（十六）十七世紀至十八紀之德國雜誌。

（十七）德國文學昌明時代之出版物。

（十八）Friedrich 時代之報紙。

（十九）Josef 第二與宣傳。

（二十）法國大革命時代之報紙。關於階級戰爭之諷刺畫，最爲可觀。

（二十一）拿破崙時代之報紙。

（二十二）一八一五至一八四八年復古時代之報紙。

（二十三）言論自由之爭。此室一隅爲禁令禁書及被檢查之報紙。一隅爲爭言論自由之文字。

(二十四)十八世紀至十九世紀之交通。

(二十五)一八四八年革命時代之維也納報紙。

(二十六)一八四八年革命時代之柏林報紙。

(二十七)一八四八年革命時代之柏林雜誌。

(二十八)畢士麥時代之報紙。

此外尚有二室,一爲萊茵區域之報紙,一爲打字機之進化。

外國部之中國館,下星期方可竣工,內容如何,予將別爲文記之 (五月十四日科恩)

(下)

科恩世界報紙博覽會,去歲曾由德使館致函北京外部,邀請我國參與,適國事搶攘,人鮮注意。今春該會以中國並無來會表示,但中國乃東方古國,爲號召世人計,又不欲付之缺如。因託放府 Frankfurter 中國學院院長衛禮賢君,(Dr. Wilhelm在青島傳教有年,以深通中國經史自命)向中國徵集出品,然應者寥寥,僅商務中華兩書局,寄來書畫若干,同時該會以柏林中國通訊社主任廖煥星君,熟知中國報界情形,亦託代爲蒐求,綜合雙方所得,賸以當地博物院所藏佛像甲骨瓦當銅活字,及中國學院所印書報,僅得勉強成立,質言之,無準備故無統系遂無精采。

中國館占地頗廣，按章須納費六千元，今中國旣不來會，該會且支出籌備費一二千元，則因陋就簡，自意中事，故除玻璃橱玻璃櫃外，別無陳設。幸該會又託駐滬德領館雇來製桑皮工人林宗岩朱旭亭二君，除來往給以三等船價外，開會期間，月薪百七十馬克（約合國幣八十五元強）。卽在館當衆工作，尙可稍中點綴。林朱二君，去歲曾參與德國德萊斯墩世界報紙博覽會，頗引起遊人興趣。此行又攜來中國原料，據云成績當較前更佳。

報紙因性質而分別陳列，有不足一橱者，則併入他種，茲紀其名稱如下，此項報紙，太半臨時從歐洲搜羅，洵不免掛一漏萬之憾。

（一）京報（道光朝）政府公報（以上原本）邸鈔，宮門鈔，諭摺彙存，官書局彙報，西國近事彙編，中華民國公報，臨時政府公報，（以上影本）

（二）強學報，時務報，蘇報，舊金山唐人新聞紙，圖畫演說報，（以上影本）

（三）察世俗每月統紀傳，特選撮要每月紀傳，東西洋每月統紀傳（以上影本，係予由英國博覽院攝出）
循環日報，飛影閣畫報（以上原本）

（四）時報，申報，大公報，庸報，漢口中西報，晨報，北京報，社會日報，世界日報，廣州七十二行商報，廣州共和報，華強報，天游報，南中報，香江晚報，中外新報，商報。

（五）民國日報，中央日報，時事新報，廣州民國日報，福建民國日報，梧州民國日報，瓊崖民國日報，漢口民國日報，國民新聞，民衆日報，民力日報，南嶽日報，新隴民報，公評報，政治日刊，西北民報，革命軍日刊，黃埔日刊，國民軍週報，陸軍軍官學校壁報，醒獅。

（六）北京日報，東方時報，東三省公報，黃報，交通日報，鐵道時報，國華報，華北新聞，濟南日報，中國青島報，華僑日報，新中國報，日知報，工商日報，大光報。

（七）新聞報，益世報，北京益世報，順天時報，泰東日報，新支那，北京新聞，滿洲報，滿洲新報，盛京時報，奉天新聞。大青島報，青島時報，大東日報，哈爾濱日日新聞，天津日日新聞，京津日日新聞，天津日報，山東新報。

（八）圖畫時報，晨報星期畫報，世界畫報，上海畫報，北洋畫報，時事畫報，中國畫報，京津畫報，新裝畫報，革命工人，畫報，天趣畫報，紅玫瑰畫報，紫葡萄，駱駝畫報，藝林旬刊，良友，東風，珠江。

（九）羣強報，小小日報，北京白話報，消閒錄，國民報，公報，北京晚報，心聲晚報，實事白話報，平報，大同晚報，正陽報，遠東晚報，晶報，大報，海報，小日報，銀晶報，星報，龍報，福爾摩斯，大羅天，小薔薇，上海繁華，美的明星，情海，好情報，紅金龍，華星，金鋼鑽，荒唐鏡，照妖鏡，生活常識，民間，青年之友。

（十）先聲，洪鐘時報，中國維新報，工商日報，民國公報，中西日報，金山時報，新國民公報，民報，三民，建國，民氣日報，少年中國，美洲民國日報，世界日報，大公商報，醒華日報。

（十一）國學季刊，北京大學研究所國學門週刊，北京大學研究所國學門月刊，北京大學社會科學季刊，清華學報，燕京學報，國立第一中山大學語言歷史學研究所週刊，科學，製造，地質彙報，中國地質學會報，地學雜誌，鑛學週報，哲學，哲學月刊，新教育，教育雜誌，中華教育界，教育叢刊，心理，學藝，民鐸雜誌，醫藥學，癸亥醫藥雜誌，中國農學會叢刊。

（十二）小說月報，文學週報，世界，太陽月刊，小說世界，白露，未名，貢獻，北新，語絲，創造週報，一般，秋野，花星，山朝，曉光，國語月刊，全國國語運動會會刊，銀星，影戲春秋，民新影戲公司月刊，英文雜誌，英法週刊，德文月刊。

（十三）新潮，少年中國，同濟學生，中國學生，學生雜誌，南開大學月報，廣東青年批評，太平洋，東方雜誌，不忍，改造，拒毒，家聲，婦女，新女性，現代婦女，將來之婦女，旅歐雜誌，中國留美學生月報，留法勤工儉學二八運動始末記，

（十四）中國海員半月刊，工人週報，中國工人，工報，工人小報，工人之路，太平洋工人，工餘，工人月報，勤慟週報，鐵總年鑑，聯義月刊，梨頭週報，農民運動，村政週報。

（十五）新青年，嚮導，前進報，共產，光赤，前鋒，羣衆，布爾希維克，中國共產黨會報，中國青年團團刊，海外話天，民鐘，光明，雙十，中國農民。

（十六）上海總商會月報，錢業月報，銀行雜誌，銀行週報，銀行月刊，上海貨價季刊，中外經濟週刊，經濟討論處，海關貿易册，上海華商紗廠聯合會季刊，商學季刊，商學雜誌，農工商報，建設公報，道路月刊，海潮音，佛化新青年，孔教會雜誌，青年進步，新聞學刊，現時世界報紙大觀，中國報學史，中國新聞發達史，新聞學撮要。

外此尚有通信社新聞稿及國民黨宣傳小册，各占一玻璃櫃，予去時仍未陳設竣事，又中東路俄人，送來該路所出中俄文書報占三玻璃櫥及二玻璃櫥之多，此館非中國人出資自辦，卽亦無法取締，該俄人且將在館中建一寶塔，已繪圖樣，大有喧賓奪主之勢。

玻璃橱不甚高，壁上多餘地，乃滿貼墨拓書畫地圖等類，其有意義者，爲中紙西漸圖，及中國報紙新聞分析表，其最引人注目者，爲關於國民運動之彩色招貼。

予遍覽外國部各館，幾一致爲廣告作用，尤以俄國館爲最，其報紙工作情形及其勢力，或印入書報，或繪爲圖表，或攝成影戲，使觀者一目了然。並將當日所出報紙，在館中陳列，任人取攜，我國爲造紙及有報紙最先之國，大可藉此宣傳。何國人——尤以與自身有關係之報界，漠視至於如此也。

(五月三十日巴黎)

英京讀書記

(戈公振)

英國博物院，(British Museum) 其一部分爲圖書館，而東方室又別爲圖書館之一部分，儲中國日本印度舊籍綦富，凡欲往覽觀者，須有人鄭重紹介，室內爲讀者而特備者有桌椅，有筆墨，有置書之架，有揭書之骨片，西人優遇學者，可謂無微不至。

我國向未視報章爲一種著述，且日久則卷帙浩繁，非有大廈，庋藏實難，故予纂中國報學史時，有若干種只存其名而未見其書，中心憾之，我國現代報紙之產生，係發端於英人，比來倫敦，於英國博物院藏書目錄中，果獲曩日遍訪而未得之定期出版物多種，爰撮大要，以足吾書，兼以餉治報學者快睹焉。

察世俗每月統紀傳　此報存嘉慶二十七年七月至十二月，二十一年二月至十月，二十二年至二十六年均正月至十二月，凡七十四册，（內二十一年八九月合一册，）每册五頁，木刻竹紙印，其在報紙歷史上之價值，詳予舊著'華文報紙第一種，'序文不甚通順，信爲外人手筆，觀告帖所言，又可知爲非賣品。

（序）無中生有者乃神也，神乃一，自然而然，當始神創造天地人萬物，此乃根本之道理，神至大至尊，生養我們世人，故此善人無非敬畏神，但世上論神，多說錯了，學者不可不察，自神在天上，而顯著其榮，所以用一個天字指着神，亦有之，旣然萬處萬人，皆由神而原被造化，自然學者不可止察一所地方之各物，單問一種人之風俗，乃需勤問及萬世萬處萬人，方可比較辨明是分眞假矣，一種人全是，抑一種人全非，未之有也，似乎一所地方，未曾有各物皆頂好的，那處地方皆至臭的，論人論理，亦是一般，這處有人好歹智愚，那處亦然，所以要進學者，不可不察萬有，後辨明其是非矣，總無未察而能審明之理，所以學者要勤功察世俗人道，致可能分是非善惡也，看書者之中，有各種人；上中下三品，老少愚達智昏皆有，隨人之能曉，隨教之以道，故察世俗書，必載道理各等也，神理人道國俗天文地理偶遇，都必有些，隨道之重遂傳之，最大是神理，其次人道，又次國俗，是三樣多講，其餘隨時順講。但人最悅彩色雲，書所講道理，要如彩雲一般，方使衆位亦悅讀也。富貴者之得閒多，而志若於道，無事則平日可以勤讀書。乃富貴之人不多，貧窮與工作者多，而得閒少，志雖於道，但讀不得多書，一次不過讀數條。因此察世俗之每篇必不可長也，必不可難明白。蓋甚奥之書，不能有多用處，因能明甚奧理者少故也，容易讀之書者，若傳正道，則世間多有用處，淺識者可以明白，愚者可以成得智，惡者可以改就善，善者可以進諸德，皆可也。成人的德，並非一日的事，乃日漸至極。太陽一出，未照普地，隨升隨照。成人德就如是也。又善書乃成德之好方法也。

此書乃每月初日傳數篇的。人若是讀了後，可以將每篇存留在家裏，而俟一年盡了之日，把所傳的湊成一卷。不致失書道理，方可流傳下以益後人也。

（告帖）凡屬呷地各方之唐人，願讀察世俗之書者，請每月初一二三等日，打發人來到弟之寓所受之，若在葫蘆檳榔安南暹羅咖嚁吧廖裏龍牙丁幾宜單丹萬丹等處所屬各地之唐人，有願看此書者，請於船到呷地之時，或寄信與弟知道，或請船上的朋友來弟寓所自取，弟即均爲奉送也。

愚弟米憐告白

附錄（舊作華文報紙第一種）我國之言報紙者，不曰有二千年之歷史，即曰僅五十年以來耳，前者失之誇，而後者失之淺，其無當均也。

邸報雖起源於漢唐，然只錄成文而已，無評論，無新聞之蒐集，其性質絕似 Bulletin 與現代報紙不同，至若申報之產生，乃仿香港報紙而爲之，而在香港未有報紙之前，又有若干報紙可述也。

蒐集社會新發生之事件而定期印行者，始於德國之放府報(Frankfnnter Journal)時一六一五年也，後二百年，即一八一五年，(嘉慶二十年) 而察世俗每月統紀傳出，是爲我國現代報紙之第一種。

先是一八〇七年 (嘉慶十二年) 英國教士禮馬遜 (J. R. Morrison) 東來澳門，此爲基督教新教與我國發生關係之始。按雍正元年諭，'各省西人，除應到京効力者外，餘俱安插澳門，' 馬氏以與東印度公司書記諳，後且任該公司翻譯，故得在廣州居住，但當時只許華人與西人通商，而禁止教授西人以中國語言。故馬氏欲在廣州傳教，在事實上有不可能。一八一二年鴉片戰爭起，馬氏避住澳門，從事著述。但該地爲基督教舊教勢力範圍，惡馬氏言論相左，舉其書籍印板，付之一炬，馬氏受一打擊。迨中英交涉結束，馬氏復回廣州，仍理舊業。但嘉慶十九年又諭，'禁止西人傳教，查出論死，入教者發極邊，' 馬氏又受一打擊，馬氏見傳教事難進行，乃不得不別圖良策。一九一四年，倫敦傳道會，復派教士米憐 (William Milne) 東來爲馬氏助。但澳門官廳禁止居住。一九一五年，馬氏決定從文字宣傳方面入手，乃遣其往馬六甲，創設印刷所及華英書院，教中國人以英文，印刷其所譯著各種書報，察世俗每月統計傳，即出版於斯時。

察世俗每月統記傳，簡稱察世俗，其第一册出版於一九一五年八月五日，當時無華文活字，故仍爲木板印刷，由刻工梁亞發總其事。最初每期印五百册，後漸增至一千册，每逢粵省縣府鄉試，由梁氏攜往考棚，與宗教書籍一同分送，餘則散佈南洋一帶，因我國人僑商南洋者衆也。

此報自一八一五年至一八二一年凡七卷，五百二十四頁，除後數號由馬禮遜麥都思(W. H Meadhurst)及梁亞發執筆外，餘均出自米憐一人之手。我國之服務報界者，梁氏其第一人也。

此報所載，太半爲宗教事，其第三卷中，有一文言及辨報主旨，較有研究之價値，爰由 Chinese Repository 迻譯如下。

第一卷本報文字印刷，胥不免於簡陋之譏，惟積學之士，當能心知其意而曲爲之諒，記者深願此次假以時日，俾得於中國文字，研究益深，而逐漸加以改善。至本報宗旨，首在灌輸知識，闡揚宗教，砥礪道德，而國家大事之足以喚醒吾人迷惘，激發吾人志氣者，亦兼收而併蓄焉。本報雖以闡發基督教義爲惟一急務，然其他各端，亦未敢視爲緩圖而掉以輕心。智識科學與宗教，本相輔而行，足以促進人類道德，又安可忽視之哉。中國人民之智力，受政治之束縛，而呻吟顦悴無以自拔者，相沿迄今，二千餘載。一旦欲喚起其潛伏之本能，而使之發揚踔厲，夫豈易事。惟有抉擇適當之方法，奮其全力，竭其熱忱，始終不懈，庶幾能挽回於萬一耳。作始雖簡，將畢必鉅，若干人創之於前，若夫發揮光大，則後之學者，責無旁貸矣。是故不揣譾陋，而率爾爲之，非冒昧也。不過樹之風聲，爲後人先驅云爾。

中文月報，篇幅有限，種種資料，自不能網羅無遺，然非割棄或停止也，將循序而爲之耳，前此所載論說，多屬宗教道德問題，天文軼事傳記，政治各端，採擇甚寡。此則限於地位，致較預計爲少，非本意也。

欲使本報隨時改良，以引起讀者之興味，非竭教士一人半月之時間以從事於斯不爲功。且須徵求外來稿件，以補其不足。記者甚願致力於是。他日國人（指英人）之習華文者日多，當有佳作以光本報之篇幅。而年來最不易得者，卽此項資料是也。本報發展，尚在萌芽時代，更無酬報可言，三年來月印五百册，藉友人通信遊歷船舶之便利，以銷售於南洋羣島暹邏安南各地華僑薈萃之區，而內地亦時有輸入焉。近者改印一千册，需要大增，銷路漸暢，三四年後，或能增至二千册以上，未可知也。”

繼察世俗每月統記傳而發行者，雜誌有特選撮要每月紀傳，天下新聞，東西洋每月統記傳，遐邇貫珍，中外新報，六合叢談，香港新聞，中外雜誌，中外新聞七日錄，教會新報，中外聞見錄等，日報有中外新報，華字日報，上海新報等，皆在申報以前，其詳見拙著中國報學史，茲不贅述。

日本之有報紙，遠在我國之後，上述各報，一部分曾由日本翻印，乃近四十餘年來，日本因國勢強盛，其新聞事業，一躍而與歐美並駕齊驅，而先進之我國新聞事業，反故步自封，至憔悴呻吟於馬足之下，奄奄無生氣，吾記至此，能不爲我國民我新聞界滋媿乎。

附梁亞發小傳　梁亞發（亦譯梁發）生於乾隆五十四年，住居粵東內地，距廣州約二百里，家貧，十一歲就塾讀書，十四歲輟學，外出謀生，初在廣州學筆工，繼爲梓民，嘉慶十五年，因母喪，曾返里一次，嘉慶二十年，隨米憐赴馬六甲，刻印華文書報，次年受洗入教，嘉慶二十四年回國，爲宣傳基督教教旨，特刊小書，分貽諸親友。時官廳視基督教爲異端，捕梁笞二十，並沒籍小書木版火之，越二日，由馬禮遜設法保釋，再往馬六甲。道光三年，由馬禮遜聘爲倫敦傳道助手。道光七年，受教士職，中國之第一基督教新教教士也。道光十四年，官廳以其在內地分送基督教書報，又捕之，幸馬禮遜之子，時在英領署，出資斡旋，乃得釋放。親友咸勸其避往馬六甲，粱因挈子去南洋，來往馬六甲新加坡間，勤勞無閒。道光十九年，再返祖國每日向鄉人講道，老而不倦，至咸豐五年謝世，享年六十六歲，葬廣州河南鳳凰岡。其著述之可考者，有救世撮要略解，熟學聖理略論，眞道問答淺解，聖書日課，初學便用，勸世良言小書等。其最後一種，洪秀全曾加翻印，傳播最廣。

特選撮要每月紀傳　此報存道光三年六月八月二册，每册八頁，木刻竹紙印，教士麥都思編，在巴達維亞（Batavia）出版，序文如左。

夫在世上，每年間天下諸事，常有變動。又自幼到老，在一人之身上。家內亦然。至於生前之事，人都謹之於始，而慮其所終，該求託神天，助他常時習善。又使世事利達也。惟至於來生，人中至大至重者，是得享天堂之永福。此人所應掛念，望向得者也。且世上雖有不能預料算來之事。然依聖經所言，有兩件事，定命之於天，而人明知其必有，是卽人該受世上之苦難一也。又該受此身之苦難二也。此受苦受死兩件事爲大得緊，而人免不得者也。蓋自皇上以至於庶人，聖賢凡輩及富貴貧窮讀書作工善惡等類，都免不得受世上之艱難或有問這是什麼緣由呢，曰，因世上全地萬方之人，皆獲罪於神天，所以神用此世人之難及一次死，以責其不善，而報其惡也。是故生前肉身必受苦難死亡，而若不信耶穌救世者，倚其之功勞，得神赦罪之恩，不止肉身有此兩件難，即來生內所有的寶貝靈魂，必定落地獄受永苦也。依此言之，在人中所緊要者，爲修德從善，依靠耶穌，至今世雖然遇艱難，亦可有益於身，而死後之永苦，可以免遭者也。蓋在世上富貴之人，多有萬事如意，若能志於道，好讀者，善使人增其見識，辨眞假之理，知是非之行，則不止起義事，不止自己爲善良之人，又在世其爲有用遠甚。故欲成此大功者，有機會不少，至於本府本縣本鄉，有危急貧窮等，該濟其苦，亦有執迷不悟等，該救其愚，又有背逆惡徒，當化其心，且在本家有兒女僕婢，未知神天慈悲之恩。可憐世上罪人，降下一位救世者來世間，贖其罪，此少年使用等人，亦該教之。又也，外邦新客，因無親人照管，惡輩交往，學下流之事，至死之日，無可望天堂之福，豈不惜哉。凡有仁心者，豈可不勉力救拔此輩愚惡等人也。故善人該用其現今之機會，行多善工，而訓世上惡人，救天下愚輩，濟周圍之急等。如此，在嗎啦呷有同類仁愛之人，已經印了各號勸世文，而分送於中國幾省人民中，及外邦安南暹羅日本等國，又三抹息力檳榔嶼各處地方唐人之間，約有十餘萬本。但雖然這各樣書甚多，用心看者為甚少也。故不得加其智而進其德也。夫從前到現今，已有七年，在嗎啦呷曾印一千本出來，大有益於世，因多論各樣道理。惜哉作文者一位老先生，仁愛之人，已過世了，故不復得印其書也，此書名叫察世俗每月統紀傳，但雖然不復印此察世俗書，在彼處地方，還有幾樣勸世文書再印出來的，又可復送於人看。且弟勸君等細看此等書，察其道理，免了老兄許多心血作文而留傳無用也。夫如是，弟要成老兄之德業繼修其功，而作文印書，亦欲利及後世也。又欲使人有所感發其善心，而遏去其欲也。弟如此繼續此察世俗書，則易其書之名，且叫做特選撮要每月紀傳。此書名雖改，而理仍舊矣。夫特選撮要之書，在乎紀載道理各件也，如神理一端，像創造天地主宰萬人養活萬有者之理，及衆之犯罪，而神天設一位救世者之理；又人在今世該奉事神天，而在死後得永生之滿福，都包在內耳，而既然此一端理，是人中最緊要之事，所以多講之。

其次即人道，像在人本分應行，或向神天，或向人物，又人當受善惡之報，此人今生所作，來生必受其關係，又今生所報之種，來生必收其同類也。其次天文，即為日月星辰運行之度也，又其次地理，而依地理書所云，就是講普天下𡂿國的分數方向寬大交界土產人情風俗之理也，除了此各端理，還有幾端，今不能盡講之。只是隨時而講。且如是得滿此教化人之意思，則各人可以知神人之大道，知自己爲罪人，知耶穌之大仁愛，靈魂之重要處，實爲益於世界不少也。

夫各父母以正道教其子，示伊敬天，敬天卽可愛人，愛人卽可成善功，教化衆人，以得享天堂之福，豈不美哉。在人中莫大於此，其或正教廣布全地萬方，至無一人不遵神天之命，上則榮歸於神，下則利益於人，乃正是完全了，此特選撮要之旨意也。

東西洋考每月統紀傳　此報存道光癸已六月九日，甲午正月至六月，乙未正月，丁酉正月至九月戊戌正月至三月，又一册無年月可考，共二十一册，每册十二頁或十三頁，楷書木刻連史紙印線裝，封面每綴以格言，大率錄自四書，旁注愛漢者纂，則教士K. F. A. Gutslaff自謂也。

此報出版於新加坡，所載可别爲論說(或書札)歷史地理天文商情新聞中錄請禁鴉片摺多篇，可見當時教會中人，亦不直鴉片貿易，又所附南洋地圖，其顏色乃手繪而非套印，則一册之成，固大費手續，序文金沙雜揉，信爲外人手筆，具錄如左。

子曰，多聞闕疑，愼言其餘，則寡尤，多見闕殆，愼行其餘，則寡悔，言寡尤，行寡悔，祿在其中矣。亦曰，多聞擇其善者而從之，故必遍觀而詳核也，且因以孝弟風俗表率，以孝弟爲先，以文藝爲後，則確然於禮義之可守，惕然於廉恥之當存。子曰，弟子入則孝，出則弟，謹而信，汎愛衆，而親仁，行有餘力，則以學文，又曰，志於道，據於德，依於仁，游於藝。

夫自上帝降生民，則莫不與以仁義禮智之性，奈何風俗頹敗，異端惑世誣民，充塞仁義者，又紛然雜出乎。故設庠序學校，凡以有興賢育才化民成俗計也。故曰，城郭不完，兵甲不多，非國之災也，田野不闢，貨財不聚，非國之害也，上無禮，下無學，賊民興，喪無日矣。由此觀之，鼎興正道，黜斥異端，闡發藝文，是君子之專務矣。

夫子曰，當仁不讓於師，亦德無常師，主善爲師，善無常主，協者克一。子曰，三人行，必有我師焉，居處恭，執事敬，與人忠，雖之夷狄。不可棄也，亦曰，惟上知與下愚不移。好仁不好學，其蔽也愚，好知不好學，其蔽也蕩，好信不好學，其蔽也賊，好直不好學，其蔽也絞，好勇不好學，其蔽也亂，好剛不好學，其蔽也狂。君子如切如磋，如琢如磨，是以君子將其知識之理而益窮之，以求至乎其極。則衆物之表裏精粗無不到，而吾心之全體大用，無不明矣。故湯之盤銘曰，苟日新，日日新，又日新，致明明德，窮至事物之理焉。

蓋學問渺茫。普天下以各樣百藝文獻，雖話殊異其體而一矣。人之才不同，國之知分別，合諸人之知識，致知在格物，此之謂也。詩云，吾聞出於幽谷遷於喬木者，未聞下喬木而入於幽谷者，即是君子擇術，猶鳥擇巢，止進術，終不退，尋之執之，終生用之。

夫誠恐因遠人以漢話闡發文藝，人多懷疑，以爲奇巧。却可恨該人不思宗族，國民之猶水之有分派，木之有分枝，雖退近異勢，疎密異形，要之水源則一。故人之待其宗族，則國民須以友恤也，必如身之有四肢百體，務使血脈相通，而痛癢相關。萬姓雖性剛柔緩急，音聲不同，却萬民出祖宗一人之身。因此原故，子曰，四海之內，皆兄弟也。是聖人之言，不可棄之言也。結其外中之綢繆，倘子視外國與中國人當兄弟也。請善讀者仰體焉，不輕忽遠人之文矣。

夫舟車所至，人力所通，天之所覆，地之所載，日月所照，霜露所墜，凡有血氣者，莫不尊親，以昭雍睦也。且孝友睦姻任恤，隆據熙皡遺風，萬國咸寧，則合四海爲一家，聯萬姓爲一體，中外無異視，弟情願推雍睦之意結異疎，故纂此文，讀者不可忽之，則樂不勝。是爲序。

道光十三年六月。

序文後另有一頁，所述若今之例言，亦附錄如下。

世間之史，萬國之紀，茫也。讀者如涉大洋渺瀛，故簡删之，與讀者觀綱目，較量東西史記之和合。讀史者類，由此可觀之，上帝之統轄，包普天下，猶太陽發光宇宙一然。萬人萬物厥手下，皇天監於萬方，眷求一德。作善降之百祥，作不善降之百殃，天則聽於無聲，視爲無形，目高可以見遠，耳下可以聽卑，爾惟德罔小，萬邦惟慶，爾惟德罔大，墮厥宗。

善讀者，看各國有其聰明睿知人，孰爲好學察之，及視萬國當一家也，盡究頭緒，則可看得明白矣。

舊金山唐人新聞紙 此爲華僑日報最早之一種，譯名 San Francisco China News 自同治十三年六月初二日出版日起，連續存四十六日，大小當今報紙二分一，手寫石印，分各貨行情來往船期上海新聞花旂新聞大埠新聞羊城雜報新聞諸欄。觀於由 Bocrdns and Cordon Proprietors 主人未士奇頓具名發行，想非由華人組織，其啓事之譯文如下。

本公司造唐字新聞者，是欲華人多聞廣見，使處一室之中，如覩萬里之外，倘蒙諸君取買，於予亦少獲紙價人工，同裨實益，但所倩捉筆，翻譯唐文，依樣葫蘆，敍其事實，據此因由以說，誠有忌諱莫知，漫道古檜直根，指為是謗，要知閒雲出岫，意本無心，或有文理不當，字義失檢，想十年作賦，尚有微瑕，一日成文，焉能盡善。所望高明雅士，指教其中，今將近事新聞，臚列於左，呋唅厘哥頓睹披卜加打士公司頓首謹啓。

各國消息　此報存道光十八年九月十月二册，連史紙石印，廣州出版，每册八頁，載各國及廣州消息，暨廣州洋商與各國交易市況。

图书在版编目（CIP）数据

新闻学撮要 / 戈公振编. —北京：中国传媒大学出版社，2018.3
（中国近代新闻学名著系列丛书 / 芮必峰主编）
ISBN 978-7-5657-2261-5

Ⅰ. ①新… Ⅱ. ①戈… Ⅲ. ①新闻学 Ⅳ. ① G210

中国版本图书馆 CIP 数据核字（2018）第 042581 号

中国近代新闻学名著系列丛书
芮必峰 主编
新闻学撮要
XINWENXUE CUOYAO

编　　者　戈公振
策划编辑　司马兰　姜颖昳
责任编辑　姜颖昳
封面设计　拓美设计
责任印制　阳金洲

出版发行　中国传媒大学出版社
社　　址　北京市朝阳区定福庄东街 1 号　　邮编：100024
电　　话　86-10-65450532 或 65450528　　传真：010-65779405
网　　址　http://www.cucp.com.cn
经　　销　全国新华书店

印　　刷　北京华联印刷有限公司
开　　本　787mm × 1092mm　1/16
印　　张　18.5
字　　数　173 千字
版　　次　2018 年 6 月第 1 版　2018 年 6 月第 1 次印刷

书　　号　ISBN 978-7-5657-2261-5/G · 2261　　定　　价　88.00 元